VOGLIA DI

CUCINARE

Dosi
Nelle ricette dei cocktail sono indicate le proporzioni tra i vari ingredienti; dove necessarie, le quantità si riferiscono alla preparazione di 1 drink. Quando si propongono degli abbinamenti di stuzzichini e finger food, le dosi si intendono per 4 persone.

Testi e ricette appartengono all'archivio Giunti.

Referenze fotografiche:
tutte le immagini appartengono all'Archivio Giunti/Manuela Vanni a eccezione delle seguenti:
© Shutterstock: p. 6 Bashutskyy, p. 12 YARUNIV Studio, p. 19 AnjelikaGr, p. 29 Mariyana M, p. 35 5PH, p. 54 Rimma Bondarenko, p. 109 Sea Wave.

www.giunti.it
www.piattoforte.it

Via Bolognese 165 - 50139 Firenze - Italia
Via G. B. Pirelli 30 - 20124 Milano - Italia
Prima edizione: settembre 2020

Stampato presso Lito Terrazzi srl, stabilimento di Iolo

FSC
www.fsc.org
MISTO
Carta
da fonti gestite in
maniera responsabile
FSC® C016466

Voglia di cucinare

Cocktail classici e esotici

Demetra

SOMMARIO

ARMONIE IN UN BICCHIERE

Questo libro è per chiunque desideri riproporre anche in casa cocktail, long drink e aperitivi, risultato dell'unione sapiente di distillati, liquori, succhi, infusi e soft drink. I barman che li hanno ideati possono venire considerati dei veri e propri artisti, esperti nelle armonie del gusto e degli aromi. È per questa ragione che a fianco di alcuni cocktail viene riportato il nome dell'ideatore.

I FERRI DEL MESTIERE

Quella del barman è una vera e propria arte che richiede studio, esperienza sul campo e talento innato. Come tutte le arti e i mestieri si serve di una serie di strumenti, vediamo quali.

Per miscelare

- SHAKER Contenitore in metallo a chiusura ermetica, a forma di due tronchi di cono uniti per la base maggiore. Costituito da tre pezzi smontabili: bicchiere, colino con filtro fermaghiaccio e tappo. Serve per la miscelazione degli ingredienti nella preparazione dei cocktail.
- BOSTON Contenitore per la miscelazione degli ingredienti, di origine americana. È formato, in genere, da un pezzo in vetro e un altro in metallo, che vengono incastrati l'uno nell'altro per consentire una tenuta ermetica al momento dello scuotimento degli ingredienti.
- MIXING GLASS Bicchiere tronco-conico in vetro, di notevole capacità, per una blanda miscelazione e refrigerazione degli ingredienti che andranno a costituire il cocktail. È talvolta munito di un beccuccio che facilita il travaso.
- GALLONE Particolarmente adatto per preparare cocktail in anticipo, in attesa degli ospiti. Si tratta di un grande bicchiere a tulipano, in vetro o cristallo, impiegato con le medesime finalità del mixing glass, da utilizzare quando sia necessario preparare più di quattro cocktail in una sola volta. Preparato nel gallone, il cocktail può essere mescolato in due modi: con lo stirrer oppure roteando velocemente il gallone tenuto per la base.
- BLENDER Si tratta di un frullatore elettrico con una struttura adeguata per sostenere un forte carico di lavoro (dovuto soprattutto alla presenza di ghiaccio da frantumare finemente).

Attrezzatura indispensabile

- **STRAINER** Una sorta di colino di acciaio inossidabile, che consente il travaso del cocktail dal mixing glass o dal boston al bicchiere, trattenendo il ghiaccio.
- **MISURINO** Contenitore in acciaio inossidabile, formato da due tronchi di cono uniti per la base minore; consente il dosaggio dei liquidi.
- **TRITAGHIACCIO** È lo strumento che permette di ridurre il ghiaccio "a neve".
- **CUCCHIAIO DA GHIACCIO** Cucchiaio traforato, munito di un lungo manico, che consente il prelievo del solo cubetto, senza ritenzione dell'acqua che si può formare nel contenitore. Utili anche la **pinza per ghiaccio** e il **portaghiaccio**.
- **STIRRER** È un cucchiaio lungo, in acciaio o in plastica, per miscelare le bevande e il ghiaccio.
- **COLTELLO PER AGRUMI** Coltello particolare a lama biforcuta, utilizzato per il sezionamento degli agrumi e la successiva presa della fettina tagliata. A esso si aggiungono lo **spremilimone** e il **rigalimoni** (corto coltello dalla lama foggiata in modo particolare per consentire l'incisione della scorza).
- **GRATTUGIE** Ottime quelle in acciaio inossidabile; ne occorrono almeno un paio, una per le spezie (noce moscata soprattutto) e l'altra per le scorze di agrumi.

Contenitori per liquidi

- **CARAFFA** Contenitore in vetro di grandi dimensioni munito di manico e di beccuccio: può contenere al suo interno un ulteriore contenitore per il ghiaccio, per mantenere freddi i liquidi.
- **SIFONE PER IL SELTZ** Bottiglia con chiusura ermetica munita di meccanismo per l'erogazione di acqua gassata.

Completano infine l'attrezzatura del barman i tappi dosatori, le bottigliette per aromatizzanti, i sottobicchieri, il frullatore, i vassoi, le coppette per gli stuzzichini (olive, patatine, ecc.), stecchini, cannucce e spilloni.

IN QUALE BICCHIERE?

- **TUMBLER.** Bicchiere cilindrico o leggermente squadrato, convenzionalmente diviso in tre tipologie in base all'altezza. Il **tumbler basso** è utilizzato per gli short drink, serviti con ghiaccio; la capienza è di 15-20 cl circa. Il **tumbler medio** viene impiegato per cocktail serviti con ghiaccio, mediamente lunghi, oppure per preparati che prevedono l'aggiunta di soda; ha capienza di 20-25 cl circa. Il **tumbler alto** si utilizza invece per bibite e long drink e la sua capienza è di 25-30 cl circa.
- **OLD FASHIONED** Si presenta leggermente più alto di un tumbler basso, con forma panciuta, fondo spesso e pesante. Ha una capacità a partire da 12 cl, ma la misura più diffusa è 24 cl. È impiegato soprattutto per servire cocktail "on the rocks".
- **COPPETTA COCKTAIL** Ideale per drink piuttosto alcolici come il Martini. Contiene circa 8-9 cl. Deve essere sempre ghiacciata al momento del servizio.
- **DOPPIA COPPETTA** Per cocktail rinfrescanti preparati con ingredienti non troppo alcolici (vini, succhi, creme). Permette una dose quasi doppia rispetto al cocktail classico.
- **FLÛTE** Indicata per spumanti secchi o champagne, oppure per la preparazione degli sparkling, i cocktail a base di spumante (o champagne) e frutta fresca. Contiene circa 12 cl.
- **COPPA CHAMPAGNE** Coppa larga, adatta per il servizio degli spumanti dolci, oppure per il Cocktail champagne. Va bene anche per i dark drink (bevande con caffè, liquori, panna, ecc.).
- **COPITA** Bicchiere per vini liquorosi, adatto anche per vermouth dolci. Va bene anche per i flip (che prevedono tra gli ingredienti il tuorlo d'uovo) oppure per i sour (con succo di limone e shakerati).

- **BALLON** Impiegato per servire grandi distillati da meditazione (come cognac, brandy, ecc.). Deve essere di forma contenuta per non disperdere i profumi. Contiene circa 8 cl.
- **CALICE IRISH COFFEE** Serve per preparare l'omonimo cocktail. Indicato anche per altri hot drink, come punch e grog. Il gambo permette la presa del bicchiere senza scottarsi.
- **BICCHIERE DA GROG** In vetro resistente; vi si servono tutte quelle bevande scaldate o alle quali si aggiunge acqua bollente.

TUMBLER BASSO

TUMBLER ALTO O MEDIO

OLD FASHIONED

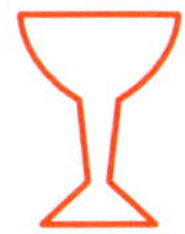

COPPETTA COCKTAIL

DOPPIA COPPETTA

FLÛTE

COPPA CHAMPAGNE

COPITA O BICCHIERE PER VINI LIQUOROSI

BALLON

CALICE IRISH COFFEE

BICCHIERE DA GROG

I GRANDI CLASSICI

Ecco una carrellata dei drink che hanno fatto la storia dei cocktail, nati dall'estro creativo dei barman di locali celeberrimi, dall'Harry's Bar di Venezia al Roger's Bar di New York fino al Ciro's Club di Londra... Solo due regole: rispettate religiosamente le proporzioni indicate e preparate i cocktail appena prima di servirli, in modo che non perdano vivacità e sapore.

ALEXANDER

- 1/3 cognac
- 1/3 crema
- 1/3 crema di cacao scura

Miscelate nello shaker il cognac e le due creme con ghiaccio cristallino.

Agitate con cura e filtrate direttamente in una doppia coppetta.

AMERICANO

- 1/2 vermut rosso
- 1/2 Bitter Campari soda
- 1/2 fetta di arancia non trattata
- 1 scorza di limone non trattato
- soda

Si prepara versando direttamente nei tumbler bassi i primi 2 ingredienti con alcuni cubetti di ghiaccio cristallino. Completate con la soda e decorate con 1/2 fetta di arancia e scorza di limone.

ANGEL FACE

- 1/3 dry gin
- 1/3 apricot brandy
- 1/3 calvados

Raffreddate lo shaker e scolate l'acqua in eccesso. Versate nello shaker il gin, poi l'apricot brandy e infine il calvados e unite qualche cubetto di ghiaccio cristallino.

Agitate per alcuni secondi e versate filtrando con lo strainer in una coppetta cocktail.

APOTHEKE
Corpse reviver

- 4/10 cognac
- 3/10 crema di menta verde
- 3/10 Fernet Branca

Si prepara versando gli ingredienti direttamente nel mixing glass con ghiaccio cristallino e si serve nella coppetta cocktail ben fredda.

BACARDI

- 6/10 rum bianco Bacardi
- 3/10 succo di limone
- 1/10 sciroppo granatina

Raffreddate le doppie coppette. Fate lo stesso con lo shaker; poi scolate l'acqua in eccesso e versatevi prima il rum, poi il succo di limone e infine la granatina.

Shakerate per pochi secondi e versate nelle doppie coppette, filtrando con lo strainer. Per farlo più dolce, aggiungete zucchero liquido.

BANANA BLISS

- 1/2 crema di banana
- 1/2 cognac

Miscelate gli ingredienti nel mixing glass con del ghiaccio cristallino, oppure direttamente in un old fashioned, sempre con cubetti di ghiaccio.

- 6/10 rum bianco
- 3/10 crema di banana
- 1/10 succo di limone o lime
- ½ banana

BANANA DAIQUIRI

Si prepara nel blender con ghiaccio a scaglie frullando ad alta velocità. Versate il tutto (non filtrato) in un old fashioned.

Infine decorate con ½ banana e con una cannuccia corta.

- 2/3 spumante brut
- 1/3 frullato o centrifugato di pesca bianca

BELLINI

Giuseppe Cipriani, fondatore nel 1931 dell'Harry's Bar, storico locale veneziano, creò questo sparkling nel 1949 in occasione di una mostra dedicata al grande pittore del Rinascimento Giovanni Bellini. Da allora il Bellini è un cocktail conosciuto a livello internazionale.

Lavate bene la pesca, tagliatela a spicchi e frullatela oppure centrifugatela con un po' di ghiaccio tritato e di spumante per rendere il succo sufficientemente cremoso. Versate in una flûte lo spumante e poi aggiungete il succo di pesca versandolo piano piano. Infine colmate il bicchiere con lo spumante brut ben freddo.

BETWEEN THE SHEETS

- 1/3 rum bianco
- 1/3 Cointreau
- 1/3 brandy
- qualche goccia di succo di limone

Nello shaker pieno fino a metà di ghiaccio cristallino, versate il rum, il Cointreau e il brandy; completate con il succo di limone e agitate bene.

Servite in coppette cocktail fatte gelare precedentemente nel freezer.

B & B

- 1/2 Bénédictine
- 1/2 cognac

Versate prima il Bénédictine e sopra, lentamente, il cognac. Servite in un bicchiere a tulipano grande o ballon.

BLACK RUSSIAN

- 7/10 vodka
- 3/10 liquore al caffè Kahlua o Tia Maria

Preparatelo versando direttamente negli old fashioned 2-3 cubetti di ghiaccio, quindi la vodka e infine la Kahlua, miscelando il tutto con lo stirrer.

Come liquore al caffè, oltre al Kahlua potete usare il Tia Maria.

BLOODY MARY

- 3/10 vodka
- 6/10 succo di pomodoro
- 1/10 succo di limone
- 2 spruzzi di tabasco
- 2 spruzzi di salsa Worcester
- sale di sedano
- sale
- pepe
- gambo di sedano
- limone non trattato

Preparatelo direttamente nello shaker raffreddato e scolato dell'acqua in eccesso. Miscelate prima vodka e succo di pomodoro.

Poi condite con il succo di limone, la salsa Worcester, il tabasco, un pizzico di sale, uno di pepe e uno di sale di sedano. Infine versate nei tumbler alti. Decorate a piacere con un gambo di sedano e una fetta di limone.

Il nome di questo cocktail allude alla sua spiccata colorazione rossa, che inevitabilmente richiama il sangue: quello di cui si sarebbe macchiata nel suo breve regno Maria Tudor, "Maria la sanguinaria", regina d'Inghilterra dal 1553 al 1558. Negli Stati Uniti è chiamato anche Red Snapper per evitare il nome Bloody Mary, ritenuto blasfemo.

CROSTINI DI CREN, MELA E SPECK

Pulite e grattugiate 5 cm di radice di cren. Quindi sbucciate una mela verde, apritela, toglietele il torsolo e tritatela. Riunite mela e cren in un recipiente, mescolate e bagnate con il succo di ½ limone. Aggiungete 1 dl di yogurt e 1 dl di panna sempre mescolando. Aggiustate di sale e di pepe. Spalmate infine la crema su 20-25 fettine di baguette, guarnite ciascuna con una falda di speck arrotolata e servite.

BLUE LAGOON 1

- 6/10 vodka
- 3/10 succo di limone
- 1/10 curaçao blu
- 1 scorza di limone non trattato

Preparate nello shaker con ghiaccio cristallino e servite nella coppetta cocktail fredda.

Guarnite infine il bicchiere con una spirale di scorza di limone.

BLUE LAGOON 2

- 4/5 gin
- 1/5 curaçao blu
- limonata

Versate il gin e il curaçao direttamente in un tumbler alto con alcuni cubetti di ghiaccio cristallino colmando con della limonata.

BRONX

- 5/10 gin
- 2/10 vermut dry
- 2/10 vermut rosso
- 1/10 succo di arancia

Raffreddate lo shaker, poi eliminate l'acqua in eccesso. Versatevi il gin, il vermut rosso, il dry vermut e il succo di arancia.

Shakerate bene, versatelo nelle coppette cocktail. Poi servite.

BUCK'S FIZZ
Mimosa

- 2/5 succo di arancia
- 3/5 champagne

Versate direttamente nelle flûte prima il succo di arancia freddo, poi delicatamente colmate con lo champagne altrettanto freddo.

Il Buck fizz è molto indicato per buffet e cocktail party; è noto anche con il nome di Mimosa.

BULL SHOT

- 6/10 vodka
- 3/10 brodo di carne o consommé denso
- 1/10 succo di limone
- sale di sedano
- sale
- pepe

Versate gli ingredienti in un tumbler alto con alcuni cubetti di ghiaccio cristallino.

Condite con sale, pepe e sale di sedano.

CHAMPAGNE COCKTAIL

- 1/10 brandy
- 9/10 champagne
- 1 zolletta di zucchero
- angostura
- 1 ciliegina
- 1 fetta di arancia non trattata

Mettete nelle flûte la zolletta di zucchero imbevuta con 2 gocce di angostura. Versatevi prima il brandy, poi lo champagne ben freddo.

Decorate ciascun bicchiere con una fetta di arancia e una ciliegina.

CHAMPAGNE PICK ME UP

- 5/10 cognac
- 4/10 succo di arancia
- 1/10 sciroppo di granatina
- champagne

Si miscelano i primi 3 ingredienti nello shaker con cubetti di ghiaccio cristallino e si serve nella flûte completando con lo champagne freddo.

COFFEE
Irish coffee

- 4 cl irish whisky
- 2 cucchiai di zucchero di canna Demerara
- caffè
- crema

Versate lo zucchero e il whisky in un bicchiere da irish coffee riscaldato e riempite con del caffè ben caldo.

Miscelate per far sciogliere lo zucchero e poi versate la crema facendola scorrere sul dorso di un cucchiaio senza mescolare.

COLLINS
Tom Collins

- succo di 1 limone
- 1 cucchiaino da tè di zucchero
- 4 cl gin
- soda
- 1 fetta di limone non trattato
- 1 ciliegia

Mescolate 4 cubetti di ghiaccio tritato, il succo di limone, lo zucchero e il gin direttamente in un grosso tumbler alto.

Colmate con la soda e decorate con una fetta di limone, una ciliegia e una cannuccia.

CUBA LIBRE

- succo di ½ limone
- ⅖ rum Bacardi
- ⅗ Coca Cola
- ½ fetta di limone non trattato

Mettete 2-3 cubetti di ghiaccio in un old fashioned; versate il succo di limone e il rum e completate con Coca Cola.

Mescolate e servite guarnendo con ½ fetta di limone e una cannuccia.

DAIQUIRI

- 6/10 rum bianco
- 1/10 sciroppo di canna o di zucchero
- 3/10 succo di limone o di lime

Raffreddate le doppie coppette. Fate lo stesso con lo shaker, poi scolate l'acqua in eccesso e versatevi prima il rum, poi lo zucchero e quindi il succo di limone.

Shakerate brevemente e versate nelle doppie coppette, filtrando con lo strainer.

EGGNOGG

- 4 cl cognac
- 1 tuorlo d'uovo
- 1 cucchiaino da tè di zucchero o di sciroppo di canna
- latte
- noce moscata

Versate gli ingredienti nello shaker con 3 cubetti di ghiaccio cristallino e servite in un tumbler alto (senza ghiaccio) terminando con il latte. Completate con noce moscata grattugiata.

FLORIDA

- 1/5 succo di arancia
- 2/5 succo di pompelmo
- 1/5 succo di limone
- 1/5 sciroppo di zucchero
- soda water
- frutta fresca
- ciuffo di menta

Raffreddate lo shaker e, dopo averne scolato l'acqua in eccesso, versatevi prima il succo di arancia, quello di pompelmo e quello di limone, poi lo sciroppo di zucchero.

Shakerate e versate nei tumbler alti, facendovi cadere anche del ghiaccio. Aggiungete un top di soda water.

Decorate con frutta fresca di stagione e un ciuffetto di menta. Servite questo long drink analcolico con la cannuccia.

QUICHE ALLA CREMA DI MELANZANE

Passate 2 melanzane in forno per 40 minuti. Stendete 250 g di pasta brisée piuttosto sottile e foderate con questa una tortiera imburrata; stendete sopra della carta da forno e poneteci dei fagioli secchi. Passatela in forno a 180 °C per 15 minuti. Eliminate la carta e i fagioli, e cuocete per altri 10 minuti. Sbucciate le melanzane e passatene la polpa al mixer con un ciuffetto di menta e un ciuffetto di erba cipollina. Aggiungete 50 g di parmigiano grattugiato, 75 g di yogurt, 1 uovo sbattuto, e aggiustate di sale e di pepe. Riempite la quiche con la crema, conditela con un filo di olio. Affettate 2 scalogni e guarnite la superficie della quiche. Ripassatela in forno per 20 minuti.

- ½ amaretto di Saronno
- ½ cognac

FRENCH CONNECTION

Si prepara direttamente "on the-rocks" nei bicchieri old fashioned, pieni di cubetti di ghiaccio.

Versate prima l'amaretto quindi il cognac; miscelate bene e servite.

- 6/10 rum
- 1/10 sciroppo di zucchero
- 3/10 succo di limone

FROZEN DAIQUIRI

Mettete nel blender 2 cucchiai di ghiaccio tritato per ciascun cocktail. Versatevi quindi il rum, lo zucchero e il succo di limone. Frullate ad alta velocità per 20 secondi.

Versate nelle coppette cocktail e servite con delle cannucce corte.

- 3/10 bitter Campari
- 7/10 succo di arancia
- ½ fetta di arancia non trattata

GARIBALDI

Preparatelo nei tumbler medi colmi di ghiaccio, versandovi prima il bitter, quindi il succo di arancia e mescolando con lo stirrer. Guarnite con ½ fetta di arancia.

GIBSON

- $^4/_5$ gin
- $^1/_5$ vermut dry

Si prepara versando nel mixing glass dei cubetti di ghiaccio cristallino, il vermut e il gin; si mescola con un cucchiaio a manico lungo e si serve filtrando in una coppetta cocktail ben fredda.

GIMLET

- $^7/_{10}$ gin (o vodka)
- $^3/_{10}$ cordial succo di lime

Si prepara direttamente nello shaker con cubetti di ghiaccio cristallino e si serve nella coppetta cocktail ben fredda.

GIN AND FRENCH

- $^3/_5$ gin
- $^2/_5$ vermut dry francese
- 1 scorza di limone non trattato

Per la variante Gin and It

- $^7/_{10}$ gin
- $^3/_{10}$ vermut rosso italiano
- 1 ciliegina

Preparate nel mixing glass con ghiaccio cristallino e servite nella coppetta cocktail ben fredda, decorando con una spirale di scorza di limone. Se volete preparare una variante più dolce, il Gin and It, cambiate la percentuale di gin e invece del vermut dry usate il vermut rosso. Decorate con una ciliegina.

GIN FIZZ

- $^{3}/_{10}$ gin
- $^{2}/_{10}$ succo di limone
- $^{1}/_{10}$ zucchero liquido
- $^{4}/_{10}$ soda
- 1 fetta di limone non trattato
- 1 ciuffo di menta

Raffreddate lo shaker e scolate l'acqua in eccesso. Versatevi il gin, il limone e lo zucchero e shakerate bene. A questo punto versate nei tumbler alti e terminate con la soda.

Decorate i bicchieri con una fetta di limone e un ciuffo di menta.

Il Gin fizz nacque negli anni Venti negli Stati Uniti, all'epoca del charleston. Si può bere in qualsiasi occasione, tranne che come aperitivo.

BARCHETTE DI SEDANO AGLI ANACARDI

Lavate un grosso sedano ed eliminate i filamenti più duri. Tagliatelo in pezzetti di 6-8 cm. In una terrina lavorate 200 g di robiola con 2 cucchiaini d'olio extravergine d'oliva, fino a ottenere una crema omogenea, poi insaporitela con sale e pepe. Farcite ogni barchetta di sedano con la crema di robiola, infine tritate 20 anacardi e distribuite il trito sulle barchette.

GOD FATHER

- 7/10 scotch whisky
- 3/10 amaretto di Saronno

Ponete negli old fashioned 2-3 cubetti di ghiaccio. Poi versatevi prima il whisky quindi l'amaretto. Infine mescolate delicatamente e servite.

GOD MOTHER

- 7/10 vodka
- 3/10 amaretto

Ponete negli old fashioned 2-3 cubetti di ghiaccio. Poi versatevi prima la vodka quindi l'amaretto. Infine mescolate delicatamente e servite.

GOLDEN CADILLAC

- 1/3 crema di latte
- 1/3 crema di cacao bianca
- 1/3 Galliano

Raffreddate le doppie coppette; fate lo stesso con lo shaker, poi scolate l'acqua in eccesso.

Versatevi la crema di latte, la crema di cacao bianca e il Galliano. Shakerate e versate nelle doppie coppette.

GOLDEN DREAM

- ¼ Galliano
- ¼ Cointreau
- ¼ succo di arancia
- ¼ panna fresca

Raffreddate lo shaker ed eliminate l'acqua in eccesso. Versatevi il Galliano, il Cointreau, il succo di arancia e infine la panna. Shakerate bene e servite nelle doppie coppette.

GRASSHOPPER

- ⅓ crema di menta verde
- ⅓ crema di cacao bianca
- ⅓ crema di latte
- un ciuffetto di menta

Raffreddate lo shaker, poi scolate l'acqua in eccesso. Versatevi i 3 tipi di crema e agitate con decisione per alcuni secondi.

Servite nelle doppie coppette decorando ciascuna con un ciuffetto di menta.

HARVEY WALLBANGER

- ⅗ succo di arancia
- ⅖ vodka
- 2 cucchiaini di Galliano

Si serve versando vodka e succo di arancia in un tumbler alto con cubetti di ghiaccio cristallino, aggiungendo poi delicatamente in superficie il Galliano.

HORSE'S NECK

- 1/5 brandy
- 4/5 ginger ale
- angostura
- 1 scorza di limone non trattato

Ponete alcuni cubetti di ghiaccio in ciascun tumbler medio, quindi versatevi il brandy e colmate il bicchiere di ginger ale. Infine aggiungete alcune gocce di angostura.

Tagliate a spirale la scorza di un limone con la parte finale a mo' di "collo di cavallo", così da incastrarla sul bordo del bicchiere.

L'Horse's neck fu inventato durante il periodo del Proibizionismo.

KING ALFONSO

- 4 cl liquore al caffè
- panna montata

Versate il liquore al caffè in un old fashioned con del ghiaccio cristallino e colmate con panna montata. Non agitate.

KIR 1

- 2 cl Crème de Cassis Blackcurrant
- vino bianco Bourgogne Aligotè

Versate la Crème de Cassis in una flûte, colmate con il vino bianco ben freddo e mescolate bene.

KIR 2
Kir Imperial

- 2 cl crema di lampone
- champagne

Versate la crema di lampone in una flûte e colmate con lo champagne freddo.

KIR 3
Kir Royal

- 2 cl Crème de Cassis Blackcurrant
- champagne

Versate la Crème de Cassis in una flûte e colmate con lo champagne freddo.

MAI TAI

- $^{2}/_{10}$ rum bianco
- $^{2}/_{10}$ curaçao arancione
- $^{2}/_{10}$ rum scuro
- $^{2}/_{10}$ succo di lime
- $^{1}/_{10}$ sciroppo di granatina
- $^{1}/_{10}$ sciroppo di orzata
- 1 spicchio di ananas
- 2 ciliegie
- un ciuffetto di menta

Versate gli ingredienti in un tumbler alto con alcuni cubetti di ghiaccio cristallino.

Decorate con uno spicchio di ananas, 2 ciliegie e un ciuffetto di menta.

LIME, UN TOCCO DI SALUTE

Conosciuto in Italia come limetta, a volte viene scambiato per un limone. Pur appartenendo alla stessa famiglia del "cugino" più noto, è però un frutto differente (il nome della pianta è *Citrus aurantifolia*). Oltre a contenere molta vitamina C e sali minerali, il lime è un antiacido gastrico naturale e ha proprietà antidiarroiche, diuretiche, antisettiche e battericide.

MANHATTAN 1

- 3/10 vermut rosso
- 7/10 rye whisky
- angostura
- 1 ciliegina

Raffreddate le coppette e il mixing glass, quindi eliminate l'acqua in eccesso. Versate prima il vermut rosso e mescolate; poi aggiungete il whisky.

Servite nelle coppette, dove avrete versato 2 gocce di angostura e una ciliegina.

Il cocktail fu inventato da un barman del Manhattan Club di New York nel 1874: lo avrebbe commissionato per una festa la madre di Winston Churchill. Inizialmente veniva esclusivamente fatto con il whisky canadese (Canadian Club). Poi è stato privilegiato l'uso del rye.

TRIANGOLINI DI CAPRINO

Tagliate con uno stampino a triangolo 250 g di pancarré al latte, così da ricavare 20-25 triangolini. Imburrateli con 70 g di burro lasciato ammorbidire a temperatura ambiente. Mescolate ora 150 g di formaggio caprino, 2 cucchiai di olio extravergine di oliva e un cucchiaio di brandy, e spalmate il tutto sui triangolini, guarnendoli ciascuno con i semi di sesamo e una fogliolina di cerfoglio.

- $^{7}/_{10}$ rye whisky
- $^{3}/_{10}$ vermut dry francese
- 2 gocce di angostura
- bitter
- 1 fetta di limone non trattato o 1 ciliegina

MANHATTAN 2
Dry Manhattan

Versate nel mixing glass alcuni cubetti di ghiaccio cristallino e miscelate gli ingredienti.

Servite in una coppetta cocktail ben fredda e decorate con una fetta di limone o con una ciliegina a seconda dei gusti.

- $^{6}/_{10}$ tequila
- $^{3}/_{10}$ Cointreau
- $^{1}/_{10}$ succo di limone o di lime
- sale
- lime

MARGARITA

Umettate il bordo di una coppetta cocktail ghiacciata con un pezzetto di lime, capovolgetela su un piattino che avrete cosparso di sale.

Raffreddate lo shaker e versatevi la tequila, il Cointreau e il succo di limone, poi agitate e versate nella coppetta.

- $^{4}/_{5}$ gin
- $^{1}/_{5}$ vermut dry francese
- 1 fetta di limone non trattato o 1 oliva

MARTINI 1

Miscelate gli ingredienti e servite nella coppetta cocktail fredda decorando con una fetta di limone o con un'oliva, a seconda dei gusti.

MARTINI 2
Medium or perfect Martini

- $^{4}/_{10}$ gin
- $^{3}/_{10}$ vermut rosso italiano
- $^{3}/_{10}$ vermut dry francese
- 1 scorza di limone non trattato o 1 ciliegia

Versate gli ingredienti nel mixing glass con alcuni cubetti di ghiaccio cristallino.

Servite nella coppetta cocktail ben fredda, decorando con una spirale di scorza di limone o con una ciliegia (a gusto).

MARTINI 3
Sweet Martini

- ½ gin
- ½ vermut bianco Martini
- 1 ciliegia

Miscelate gli ingredienti nel mixing glass con ghiaccio cristallino e servite nella coppetta cocktail ben fredda decorando con una ciliegia.

MARY PICKFORD

- ½ rum Duquesne
- ½ succo di ananas
- 1 cucchiaino di granatina
- 6 gocce di maraschino
- 1 spicchio di ananas
- 1 ciliegina

Versate nello shaker del ghiaccio spezzettato, il succo di ananas, la granatina, il maraschino e il rum. Agitate e versate filtrando con lo strainer, preferibilmente in una flûte.

Guarnite infilando su uno spiedino da cocktail uno spicchio di ananas e una ciliegina.

NEGRONI

- ⅓ gin
- ⅓ vermut rosso
- ⅓ bitter Campari
- ½ fetta di arancia non trattata

Questo drink si prepara direttamente nei tumbler bassi (dove avrete messo alcuni cubetti di ghiaccio), versandovi prima il gin, poi il vermut rosso, quindi il bitter Campari.

Miscelate e guarnite ogni bicchiere con ½ fetta di arancia.

L'invenzione del Negroni si deve al conte Camillo Negroni, frequentatore negli anni Venti del bar fiorentino Casoni. Al barman il gentiluomo chiedeva sempre di aggiungere al drink Americano un po' di gin.

CROSTATA DI POMODORI VERDI

Foderate una tortiera imburrata con 250 g di pasta frolla che avrete steso sottilmente, copritene la superficie con carta da forno e disponeteci sopra dei fagioli secchi. Infornate a 180°C per 10 minuti. Togliete i fagioli e la carta, e rimettete in forno per altri 10 minuti. Lavate 300 g di pomodori verdi e asciugateli. Tagliateli a fettine sottili eliminando i semi. Tritate 2 cipolle bianche insieme a un ciuffetto di basilico. Amalgamate 2 uova e 200 g di crescenza, aggiustando di sale e di pepe. Disponete le fette di pomodoro sul fondo della crostata. Cospargetele con il trito aromatico, versatevi sopra la crema di formaggio e spolverate con il parmigiano. Cuocete ancora per 40 minuti.

OLD FASHIONED

- 4 cl bourbon whisky
- ¼ di zolletta di zucchero
- 1 goccia di angostura bitter
- 1 spruzzo di soda
- ½ fetta di arancia non trattata
- scorza di limone non trattato
- 2 ciliegine

Ponete in un old fashioned una goccia di angostura bitter sulla zolletta di zucchero frantumata e bagnate con la soda.

Riempite il bicchiere di ghiaccio e aggiungete il bourbon whisky. Decorate con ½ fetta di arancia, scorza di limone e 2 ciliegine.

PARADISE

- 6/10 gin
- 3/10 apricot brandy
- 1/10 succo di arancia

Raffreddate lo shaker e scolate l'acqua in eccesso. Versatevi il gin, l'apricot brandy e quindi il succo di arancia.

Shakerate bene, poi versate nelle doppie coppette e servite.

PIÑA COLADA

- 3/10 rum bianco
- 2/10 latte di cocco
- 5/10 succo di ananas
- 1 spicchio di ananas
- 1 ciliegina

Frullate nel blender rum, latte di cocco, succo di ananas e ghiaccio tritato. Versate nei tumbler alti. Decorate con una fettina di ananas e una ciliegina. Servite con la cannuccia.

PLANTER'S PUNCH 1

- $^{4}/_{10}$ rum bianco
- $^{2}/_{10}$ succo di ananas
- $^{2}/_{10}$ succo di limone
- $^{1}/_{10}$ curaçao arancione
- $^{1}/_{10}$ maraschino
- 2 cucchiaini da tè di rum scuro
- 1 fetta di ananas
- 2 ciliegine

Versate rum bianco, succo di ananas, succo di limone, curaçao e maraschino in un tumbler alto con alcuni cubetti di ghiaccio cristallino.

Decorate con una fetta di ananas e 2 ciliegine.

Versate infine in superficie 2 cucchiai da tè di rum scuro.

PLANTER'S PUNCH 2

- $^{6}/_{10}$ rum scuro
- $^{1}/_{10}$ granatina
- $^{3}/_{10}$ succo di limone
- soda water o seltz
- 1 fetta di ananas
- 1 ciliegina

Raffreddate ed eliminate l'acqua in eccesso dallo shaker. Versatevi rum scuro, granatina e succo di limone.

Shakerate e versate tutto, compresi alcuni cubetti di ghiaccio, nei tumbler alti, colmandoli con la soda.

Decorate con una fettina di ananas e una ciliegina. È interessante sapere che il cocktail Planter's punch fu inventato in Giamaica nel 1879, in occasione dell'apertura delle distillerie di Rum Myers.

PORTO FLIP

- 1 tuorlo d'uovo
- 2 gocce di cognac
- 1 cucchiaino da tè di zucchero o di sciroppo di canna
- 4 cl porto rosso
- noce moscata

Si prepara versando nello shaker alcuni cubetti di ghiaccio cristallino, il tuorlo d'uovo, il cognac, lo zucchero e il porto.

Agitate vigorosamente e versate filtrando la miscela preferibilmente in una doppia coppetta ben fredda. Completate guarnendo con un po' di noce moscata grattugiata.

PRAIRIE OYSTER

- 1 tuorlo d'uovo
- 1 cucchiaio
- di ketchup
- 1 cucchiaio di salsa Worcester
- 2 gocce di aceto
- sale di sedano
- sale
- pepe

Si serve ponendo il tuorlo d'uovo sul fondo di una coppetta cocktail e versando delicatamente tutti gli altri ingredienti. Non si deve mescolare, ma bere in un solo sorso.

PUSSY FOOT

- 7/10 succo di arancia
- 3/10 succo di limone
- 1 tuorlo d'uovo
- sciroppo di granatina

Preparate miscelando nello shaker succo di arancia, succo di limone e tuorlo d'uovo con cubetti di ghiaccio. Servite in un tumbler alto e spruzzate con sciroppo di granatina.

ROB ROY

- $^4/_5$ scotch whisky
- $^1/_5$ vermut rosso
- 2 gocce di angostura bitter
- 1 ciliegina o 1 scorza di limone non trattato

Si prepara nel mixing glass miscelando gli ingredienti con alcuni cubetti di ghiaccio cristallino e si serve nella coppetta cocktail ben fredda decorando con una ciliegina o con della scorza di limone.

ROSE

- $^3/_5$ vermut dry
- $^1/_5$ cherry brandy
- $^1/_5$ kirsch
- 1 ciliegina

Miscelate gli ingredienti nel mixing glass con ghiaccio cristallino e servite nella coppetta cocktail ben fredda, decorando con una ciliegina.

RUSTY NAIL

- $^2/_5$ Drambuie
- $^3/_5$ scotch whisky
- 1 scorza di limone non trattato

L'invenzione di questo classico risale agli anni Cinquanta in Scozia. Si prepara direttamente negli old fashioned, "on the rocks".

Ponete nei bicchieri 3-4 cubetti di ghiaccio, poi versatevi il Drambuie e il whisky. Miscelate con lo stirrer e servite con una scorza di limone.

SCREWDRIVER

- 3/10 vodka
- 7/10 succo di arancia
- 1 fetta di arancia non trattata

Sembra che un petroliere americano (negli anni Cinquanta in Iran), non trovando la classica asticella per miscelare il suo solito cocktail a base di vodka e succo di arancia, abbia deciso di arrangiarsi impiegando un cacciavite. Da qui arriverebbe il nome.

Per prepararlo ponete nei tumbler alti 4-5 cubetti di ghiaccio, poi versatevi la vodka e il succo di arancia. Miscelate con lo stirrer e infine decorate ciascun cocktail con una fetta di arancia.

SHIRLEY TEMPLE

- 1/10 granatina
- 9/10 ginger ale
- 1 scorza di limone non trattato
- 2 ciliegine

Inserite la spirale di scorza di limone nei tumbler medi insieme a 2-3 cubetti di ghiaccio e versatevi la granatina e il ginger ale.

Miscelate con lo stirrer e guarnite con 2 ciliegine, servendo con la cannuccia.

- 6/10 cognac
- 3/10 Cointreau
- 1/10 succo di limone

SIDECAR

Versate nello shaker il cognac, il Cointreau e il succo di limone. Shakerate per alcuni secondi e versate nelle doppie coppette.

Può essere servito anche "on the rocks" con il ghiaccio rimasto nello shaker; in questo caso si impiega l'old fashioned.

- 2/5 gin
- 2/5 cherry brandy
- 1/5 succo di limone
- soda

SINGAPORE SLING

Si prepara versando nello shaker alcuni cubetti di ghiaccio cristallino assieme a gin, cherry brandy e succo di limone. Agitate vigorosamente per qualche secondo, quindi servite in un tumbler alto completando con la soda.

- 4 cl Advocaat
- 1 goccia di lime Cordial
- limonata
- ½ fetta di arancia non trattata
- 2 ciliegine

SNOW BALL

Versate Advocaat e lime Cordial in un tumbler alto con alcuni cubetti di ghiaccio cristallino e completate con limonata. Infine decorate con ½ fetta di arancia e 2 ciliegine.

STINGER

- 7/10 brandy
- 3/10 crema di menta bianca

Raffreddate lo shaker, poi scolate l'acqua in eccesso. Versatevi prima il brandy quindi la crema di menta bianca.

Shakerate e servite nelle coppette cocktail, filtrando con lo strainer.

Nella versione "on the rocks" questo short deve essere preparato direttamente nell'old fashioned.

STRAWBERRY DAIQUIRI

- 6/10 di rum bianco
- 3/10 di succo di lime
- 1/10 di sciroppo di zucchero liquido
- 7 fragole mature
- zucchero (facoltativo)

Si tratta di un after dinner che, tuttavia, può essere servito anche come pre dinner. Per prepararlo versate il rum bianco, il succo di lime e lo sciroppo di zucchero liquido nel blender con abbondante ghiaccio tritato e frullate per alcuni secondi.

Versate quindi nelle doppie coppette o negli old fashioned con una cannuccia.

La ricetta originale non lo prevede, ma se gradite preparate i bicchieri con la crusta di zucchero.

SPRITZ

- ½ vino bianco
- ½ soda
- fette di limone non trattato

Versate gli ingredienti in un tumbler alto con alcuni cubetti di ghiaccio cristallino.

Decorate, se lo gradite, con delle fettine di limone.

STORIA DI UN DRINK DI SUCCESSO

Lo Spritz nasce come bevanda per i diplomatici e per i soldati dell'Impero Austro-Ungarico. Siamo a cavallo tra Sette e Ottocento, e ai palati degli irreprensibili Asburgici i vini veneti sembrano un po' troppo forti. La soluzione è semplice: basta allungarli. "Spritzen!" ("spruzza!") ordinano all'oste, che versa subito dell'acqua gasata nei loro bicchieri. Ecco allora il primo Spritz: vino bianco rigorosamente fermo e acqua frizzante, una bevanda leggera e - ovviamente - di colore chiaro. A inizio Novecento il seltz sostituì l'acqua, mentre negli anni Venti si pensò di aggiungere del bitter: prima l'Aperol, poi il Select, infine il Campari. Anche la scelta del vino varia: oggi i più usano il prosecco e alcuni un bianco frizzante, anche se il bianco fermo resta ancora un *must* in alcune zone del Veneto.

- 3/10 tequila
- 6/10 succo di arancia
- 1/10 sciroppo di granatina
- 1 fetta di arancia non trattata
- 1 ciliegina

TEQUILA SUNRISE 1
Long drink

Miscelate con lo stirrer nei tumbler alti, in cui avrete versato abbondante ghiaccio, tequila e succo di arancia.

Terminate con uno spruzzo di granatina per ottenere l'effetto "sunrise" (alba), senza mescolare.

Decorate ciascun bicchiere con una fetta di arancia e una ciliegina.

- 4/10 tequila
- 2/10 Galliano
- 2/10 liquore di banana
- 1/10 sciroppo di granatina
- 1/10 succo di limone

TEQUILA SUNRISE 2
Short drink

Si prepara miscelando nello shaker gli ingredienti con cubetti di ghiaccio cristallino. Servite nella doppia coppetta o in un old fashioned con ghiaccio in scaglie e una cannuccia.

BERE UN PAESAGGIO

Sembra che il primo Tequila "sunrise" sia stato inventato negli anni Trenta per il cliente di un albergo che era appena tornato da una gita sul Grand Canyon, dove aveva visto sorgere il sole e ne era rimasto impressionato. Così il barman decise di ricordargli i colori di quell'alba e le sensazioni che aveva provato nel drink che gli stava preparando.

TEQUINI

- $\frac{4}{5}$ tequila
- $\frac{1}{5}$ vermut dry
- limone non trattato

Preparatelo nel mixing glass con alcuni cubetti di ghiaccio cristallino.

Servitelo (filtrato) in una coppetta cocktail, decorando con una spirale di scorza di limone.

TRINIDAD

- $\frac{4}{10}$ vodka Keglevich
- $\frac{2}{10}$ Cointreau
- $\frac{2}{10}$ dry vermut
- $\frac{1}{10}$ succo di arancia
- $\frac{1}{10}$ succo di ananas
- 1 spicchio di ananas

Preparate miscelando gli ingredienti direttamente con lo stirrer nei tumbler alti con abbondante ghiaccio.

Decorate ciascun bicchiere con uno spicchio di ananas e servite con 2 cannucce.

VELVET HAMMER

- $\frac{1}{2}$ Cointreau
- $\frac{1}{2}$ liquore al caffè
- 1 cucchiaio di crema

Si prepara miscelando gli ingredienti nello shaker con del ghiaccio.

Questo cocktail va servito nella doppia coppetta senza guarnizioni.

VODKATINI

- 1/5 dry vermut
- 4/5 vodka
- 1 scorza di limone non trattato

Raffreddate il mixing glass, poi scolate l'acqua in eccesso. Versatevi il vermut e la vodka e miscelate velocemente.

Servite nelle coppette cocktail, filtrando con lo strainer e guarnendo ciascuna con una scorza di limone.

WHISKY SOUR

- 6/10 bourbon
- 1/10 sciroppo di zucchero
- 3/10 succo di limone o di lime
- albume d'uovo
- 1 fetta di arancia non trattata
- 1 ciliegina

Ponete 2-3 cubetti di ghiaccio nei tumbler bassi, poi versatevi il bourbon, lo sciroppo di zucchero, il succo di limone o di lime e (se è gradito) una goccia di albume d'uovo per ciascun cocktail. Decorate ogni bicchiere con una fetta di arancia e una ciliegina.

WHITE LADY

- 5/10 gin
- 3/10 Cointreau
- 2/10 succo di limone o di lime
- 1 ciliegina

Raffreddate lo shaker e poi scolate l'acqua in eccesso. Versatevi il gin, il Cointreau e il succo di limone o di lime.

Shakerate e versate, filtrando con lo strainer, nelle doppie coppette. Infine decorate ciascuna con una ciliegina.

Il White lady risale agli anni Venti; l'inventore fu il barman del Ciro's Club di Londra (Harry Mc Alone), che lo dedicò a una misteriosa "dama bianca".

WHITE RUSSIAN

- 5/10 vodka
- 3/10 liquore al caffè
- 2/10 panna double cream

Il White russian risale agli anni Cinquanta ed è, nonostante il nome, originario degli Stati Uniti. Per prepararlo versate negli old fashioned, pieni di cubetti di ghiaccio, la vodka e il liquore al caffè. Miscelate e, aiutandovi con lo stirrer, versate e fate galleggiare la panna "on top".

Dal momento che non è affatto facile trovare la panna double cream, potete ovviare al problema shakerando della normale panna da montare a parte e senza ghiaccio.

WHITE SPIDER

- ½ vodka
- ½ crema di menta bianca

Miscelate gli ingredienti e servite il cocktail in un old fashioned con alcuni cubetti di ghiaccio cristallino.

PER TUTTI I GUSTI

Decenni di creatività hanno portato all'invenzione di migliaia di cocktail diversi. Ce n'è davvero per ogni palato, dal più ricercato all'amante dei sapori più forti. Ricordate, però, che in genere vanno serviti freddi. Se organizzate un party fate quindi scorta di ghiaccio per non rimanere sprovvisti a metà serata. Guasterebbe davvero la festa!

- 3/10 tequila Josè Cuervo Oro Especial
- 3/10 succo di ananas
- 3/10 succo di banana
- 1/10 Coconut Mixybar
- 1 fetta di ananas
- 2 ciliegine

ACAPULCO
di Luciano Trevisan

Miscelate nello shaker con ghiaccio cristallino e servite in un tumbler alto.

Guarnite con una fetta di ananas verticale, compresa di ciuffo verde, e 2 ciliegine rosse.

- 6/10 gin Gordon's
- 2/10 Aperol
- 1/10 vermut dry Martini
- 1/10 Fruit Vodka Pompelmo Boero
- 1 ciliegina

AFTER FIVE
di Luciano Mammarella

Miscelate gli ingredienti nel mixing glass e servite nella coppetta cocktail.

Decorate il bicchiere con una ciliegina verde o rossa.

- 6/10 gin Beefeater
- 2/10 vermut dry Martini
- 1/10 Aperol
- 1/10 Galliano

AGADOR
di Vinicio Privileggio

Si prepara nel mixing glass con cubetti di ghiaccio cristallino e si serve nella coppetta cocktail ben fredda.

ALBA
di Cristian Cambrini

- 1/3 Cointreau
- 1/3 caffè espresso Illy
- 1/3 Batida de Coco
- panna montata
- chicchi di caffè

Si prepara versando Cointreau, caffè e Batida de Coco in un old fashioned con 2-3 cubetti di ghiaccio e ricoprendo infine con la panna montata.

Guarnite la superficie del cocktail con alcuni chicchi di caffè.

ALBA ALPINA
di Enzo Grippa

- 5/10 grappa
- 3/10 menta bianca
- 2/10 succo di limone
- chiodi di garofano

Si prepara nello shaker miscelando tutti gli ingredienti e si serve nella coppetta cocktail.

ALBA ROSA
di Enzo Grippa

- 1/3 vermut dry Martini
- 1/3 gin
- 1/3 Bitter Campari
- bitter lemon

Miscelate gli ingredienti e servite in un bicchiere a tulipano grande o ballon completando con bitter lemon.

- 2/4 succo di pesca
- 1/4 dry gin Beefeater
- 1/4 Cointreau
- 1 fetta di pesca

ALBATROS
di Massimo Angeli

Versate succo di pesca, dry gin Beefeter e Cointreau direttamente nel tumbler alto con ghiaccio. Guarnite con una fetta di pesca.

- 1/3 vodka Wyborowa
- 1/3 Bitter Rossi
- 1/3 succo di pompelmo
- 3 ciliegine

ALFONSO RED
di Alfonso Cascella

Miscelate gli ingredienti e servite nella coppetta cocktail decorando il bicchiere con 3 ciliegine rosse.

- 3/9 grappa
- 2/9 infuso di menta
- 2/9 succo di arancia
- 2/9 sciroppo di zucchero
- frutta fresca

ALPINO
di Angela De Simine

Miscelate grappa, infuso di menta, succo di arancia e sciroppo di zucchero nello shaker.

L'Alpino si serve nella coppetta cocktail. Decorate con frutta fresca a fantasia.

AMARCORD
di Renzo Antognarelli

- 3 cl Punt & Mes
- 2 cl Bitter Campari
- 1 cl Williams
- 1 ciliegina al maraschino

Miscelate gli ingredienti, servite nella coppetta cocktail e decorate con una ciliegina al maraschino.

AMBIZIOSO
di Luigi Piantoni

- 3/10 frullato di fragola
- 3/10 frullato di pera
- 3/10 vodka Artic
- 1/10 amaretto di Saronno
- prosecco Carpenè Malvolti
- 1 fragola
- 1 fetta di pera
- menta

Miscelate i primi 4 ingredienti nello shaker con ghiaccio.

Servite in un tumbler alto completando con il prosecco ben freddo.

Decorate con 2 mezze fragole, una fetta di pera sbucciata e con della menta.

ANDREA
di Angelo Cisotto

- 4/8 Williams
- 2/8 rum bianco Bacardi
- 1/8 apricot brandy
- 1/8 Bitter Campari

Miscelate Williams, rum bianco Bacardi, apricot brandy e Bitter Campari nello shaker. Servite nella doppia coppetta.

APOCAT

- 1 avocado maturo
- 2 cucchiai di rum
- 2 cucchiai di crema di cocco
- latte

Lavate e sbucciate l'avocado e, dopo aver eliminato il nocciolo e aver tagliato la polpa a pezzetti, frullate nel blender insieme con il rum e la crema di cocco.

Versate nel tumbler alto completando con latte freddo e cubetti di ghiaccio.

Se il cocktail viene realizzato direttamente nel frutto fa parte della categoria "exotic"; se invece viene servito nel tumbler alto è considerato un long drink.

TRAMEZZINI ALL'ORIENTALE

In un recipiente lavorate con una forchetta 250 g di tofu. Amalgamatevi 2 cucchiaini di tahin e 2 cucchiaini di shoyu fino a ottenere una crema omogenea. Ricavate da 500 g di pancarré al latte 10-15 tramezzini, spalmate ognuno con 100 g di burro e farciteli con la crema al tofu e un cucchiaio di germogli di soia.

- 1 succo di pera Derby Blue
- 5 cl latte
- gocce di sciroppo di menta Fabbri
- foglie di menta

ARGENTINA
di Mauro Castiglioni

Si prepara miscelando gli ingredienti in un tumbler alto con cubetti di ghiaccio cristallino.

Guarnite adagiando sulla bevanda alcune foglie di menta.

- $\frac{1}{5}$ rum Havana Club
- $\frac{1}{5}$ vodka Moskovskaya
- $\frac{1}{5}$ succo di limone
- $\frac{1}{5}$ cedrata Tassoni
- $\frac{1}{5}$ granatina Boero
- acqua tonica Kinley
- 1 fetta di arancia non trattata

ARIANNA
di Rodolfo Bellosta

Miscelate gli ingredienti e servite in un tumbler alto colmando con l'acqua tonica. Guarnite con una fetta di arancia.

- $\frac{4}{6}$ vodka Krakus
- $\frac{1}{6}$ succo di ananas
- $\frac{1}{6}$ Mandarinetto Isolabella
- champagne Laurent Perrier

ARRENDITI
di Duilio Brodoloni

Miscelate vodka Krakus, succo di ananas, Mandarinetto Isolabella e Laurent Perrier. Servite nella coppa champagne.

ASKO
di Adolfo Nava

- 1/3 Pimm's n. 1
- 1/3 Bitter Campari
- 1/3 vermut rosso Martini
- soda Schweppes
- 1 fetta di arancia non trattata

Si prepara direttamente in un tumbler basso o in un old fashioned con 2-3 cubetti di ghiaccio.

Versate i 3 ingredienti, miscelate e aggiungete 2 spruzzi di soda. Guarnite con una fetta di arancia.

ATLANTICO

- 3/4 rum Duquesne
- 1/4 porto Offley White
- 10 gocce di vermut dry Martini
- 1 ciliegina

Miscelate gli ingredienti e servite direttamente in un bicchiere a tulipano grande o ballon decorando con una ciliegina.

BADÒ
di Franco Agostinelli

- 4/10 Carlos Primero
- 2/10 liquore Galliano
- 2/10 crema di latte
- 1/10 amaretto di Saronno
- 1/10 crema di banana
- noce moscata

Miscelate il Carlos Primero, il liquore Galliano, la crema di latte, l'amaretto di Saronno e la crema di banana, poi servite in una coppa champagne spruzzando della noce moscata.

BAHIA

- 4/10 rum bianco
- 1/10 Cointreau
- 1/10 sciroppo di granatina
- 4/10 polpa di melone
- 1 fetta di melone
- foglie di menta

Versate il rum, il Cointreau, lo sciroppo di granatina e la polpa di melone nel blender con del ghiaccio tritato.

Frullate e versate nei tumbler alti, che guarnirete con una fetta di melone e delle foglie di menta.

BIGNÈ AL GUSTO DI COINTREAU

Scottate in 2 dl di brodo vegetale un porro affettato a rondelle e lasciatelo raffreddare. Passate al mixer il porro con 100 g di robiola, un cucchiaio di Cointreau e 2 tuorli sodi. Aggiustate il composto di sale, poi con un sac à poche farcite 20-25 bignè. Passateli un attimo in forno, e serviteli caldi.

BAJONDILLO

- 5/10 Vodka Absolut
- 2/10 Maracuja Drink Boero
- 2/10 Peschina Boero
- 1/10 Sour Drink Limone Boero
- 1 spiedino di frutta

Si prepara nello shaker con ghiaccio e si serve nel tumbler basso con cubetti di ghiaccio.

Guarnite con uno spiedino composto da frutta mista.

B.B.BAR
di Michela Manca

- 4/10 Courvoisier
- 2/10 Galliano
- 2/10 Cream Whisky Devonshire
- 1/10 caffè freddo
- 1/10 crema di latte
- cacao in polvere

Si prepara miscelando gli ingredienti nello shaker e si serve nella coppetta cocktail.

Se è di vostro gradimento, potete decorare con cacao in polvere.

BIG APPLE

- 4/10 apple brandy
- 1/10 amaretto di Saronno
- 5/10 succo di mela
- 1 mela verde
- cannella in polvere

Tagliate la calotta superiore della mela e svuotatela della polpa fino a lasciare le pareti spesse circa mezzo centimetro.

Coprite con un foglio di alluminio per alimenti e lasciate raffreddare nel freezer per una decina di minuti.

Eliminate il torsolo e frullate la polpa della mela con l'apple brandy, l'amaretto di Saronno e il succo di mela.

Estraete la mela dal freezer, spolverate l'interno con la cannella in polvere.

Versate il cocktail. Servitelo quindi con la cannuccia corta.

BLACK FRIAR
di Paolo Severino Baldini

- 1/4 vodka
- 1/4 whisky
- 2/4 liquore al caffè
- crema di latte

Miscelate bene la vodka, il whisky e il liquore al caffè.

Servite in una doppia coppetta ricoprendo la superficie con la crema di latte.

BLACK JACK
di Mauro Bonvecchi

- 3/10 caffè espresso
- 2/10 irish whisky Bushmills
- 2/10 liquore al caffè Borghetti
- 2/10 Galliano
- 1/10 anice Varnelli
- liquirizia
- scorza di pompelmo

Miscelate caffè espresso, irish whisky Bushmills, liquore al caffè Borghetti, Galliano e anice Varnelli.

Servite in una doppia coppetta decorando con liquirizia e scorza di pompelmo.

BLACK PEARL

- $\frac{1}{2}$ Tia Maria
- $\frac{1}{2}$ cognac
- champagne
- ciliegine scure

Miscelate il Tia Maria e il cognac nel mixing glass insieme a qualche cubetto di ghiaccio.

Versate filtrando nelle flûte e completate con champagne ghiacciato. Guarnite preferibilmente con ciliegine scure.

BLUE INN
di Sabrina Luraschi

- $\frac{1}{4}$ vermut rosso Martini
- $\frac{1}{4}$ Cointreau
- $\frac{1}{4}$ Vodka & Limone Artic
- $\frac{1}{4}$ curaçao blu
- 1 fetta di limone non trattato
- 1 ciliegina

Si prepara nel mixing glass con ghiaccio cristallino. Miscelate con cura e servite nella coppetta cocktail ben fredda.

Guarnite con una fetta di limone e una ciliegina rossa al maraschino.

BOLERO

- $\frac{2}{3}$ rum bianco
- $\frac{1}{3}$ brandy
- $\frac{1}{2}$ cucchiaio di vermut dolce
- scorza di limone non trattato
- zucchero

Miscelate bene rum, brandy e vermut con ghiaccio. Versate in coppette cocktail già fredde e spolverate di zucchero.

Spremete la scorza di limone sopra la bevanda e aggiungetela al cocktail.

BROOKLYN BRIDGE
di Gino Palma

- ⅓ vodka Wyborowa
- ⅓ Bitter Campari
- ⅓ amaretto di Saronno
- succo di 1 arancia
- 1 fetta di arancia non trattata
- zucchero

Miscelate tutti gli ingredienti e servite in una flûte.

Guarnite con una fetta di arancia e una spolverata di zucchero.

BUSHRANGER

- ½ rum bianco
- ½ Dubonnet
- 8 gocce di angostura
- 1 scorza di limone non trattato

Agitate bene rum bianco, Dubonnet e angostura con il ghiaccio.

Versate in coppette cocktail che avrete fatto ben raffreddate in precedenza.

Spremete una scorza di limone sopra la bevanda e poi aggiungetevela.

CADEAUX
di Claudio D'Esposito

- ½ Mandarinetto Isolabella
- ½ Aurum
- succo di 1 pompelmo
- 1 spruzzo di spumante President Riccadonna brut de brut

Miscelate tra loro Mandarinetto Isolabella, Aurum, il succo di pompelmo lo spumante.

Ricordate di servire questo cocktail in una flûte.

CAIPIROSKA ALLA PESCA

- ½ pesca tagliata a pezzetti
- 1 cl succo di limone
- ½ lime tagliato in 6 pezzi
- 2 cucchiaini di zucchero di canna
- 5 cl vodka
- 3 fette di pesca
- 2 more

Frullate in un blender la polpa di pesca con il succo di limone. Poi nei tumbler bassi schiacciate con il muddler il lime e lo zucchero di canna.

Riempite i bicchieri con ghiaccio tritato e versate la purea di pesca e la vodka neutra, mescolando il tutto con lo stirrer. Servite con 2 cannucce corte, guarnendo con 3 fette di pesca e 2 more infilzate in uno stuzzicadenti o in un bastoncino di legno.

Questo tipico cocktail estivo a base di vodka, molto fresco e dissetante, può essere modificato a seconda dei gusti, sostituendo alla pesca altra frutta come, per esempio, fragola o banana. L'ideale è utilizzare sempre il frullato del frutto fresco, evitando se possibile gli sciroppi già pronti che risultano troppo dolci.

BIGNÈ DAL CUORE GELIDO

Una ricetta semplicissima, da realizzare poco prima dell'arrivo degli ospiti (altrimenti la pasta dei bignè si inzupperà troppo). Farcite 20-25 bignè con 500 g di gelato di crema che avrete aromatizzato con un pizzico di cannella. Guarniteli con 75 g di cioccolato fondente, che avrete in precedenza fuso, formando dei ricami. Come variante vi proponiamo di decorare i bignè con del caramello.

- $^3/_{10}$ rum Havana Club
- $^2/_{10}$ orzata Isolabella
- $^2/_{10}$ succo di ananas
- $^2/_{10}$ succo di arancia
- $^1/_{10}$ succo di limone

CALABRISELLA
di Enzo Paolinelli

Miscelate bene tra loro tutti gli ingredienti e servite in una coppa champagne.

- $^3/_4$ whisky Seagram's VO
- $^1/_4$ cognac Martell
- succo di ananas

CANASTA
di Lino Baudino

Versate direttamente whisky e cognac in un bicchiere old fashioned e completate con succo di ananas.

- $^3/_{10}$ dry gin Gordon's
- $^2/_{10}$ vodka alla pesca Artic
- $^1/_{10}$ Passoâ
- $^2/_{10}$ banana Camel
- $^2/_{10}$ succo tropicale
- 1 spicchio di ananas
- 1 ciliegina
- 1 mandarino cinese

CARLIS

Raffreddate lo shaker e poi scolate l'acqua in eccesso. Versatevi il gin, la vodka, il Passoâ, il banana Camel e il succo tropicale. Shakerate bene e versate il tutto nei tumbler alti riempiti di cubetti di ghiaccio.

Decorate ciascun bicchiere con uno spicchio di ananas, un mandarino cinese e una ciligina. Servite con 2 cannucce.

CASABLANCA

- 4 cl rum bianco
- 4 cl succo di pompelmo
- 4 cl latte di cocco
- 1 cl granatina
- 1 fetta di ananas
- 1 ciliegina

Raffreddate lo shaker ed eliminate l'acqua in eccesso.

Aggiungete il rum, il succo di pompelmo, il latte di cocco e la granatina, shakerate energicamente e filtrate in una doppia coppetta cocktail.

Decorate con una fetta di ananas e una ciliegina.

CATHI
di Guglielmo Riva

- ½ gin Gordon's
- ½ Punt & Mes
- qualche goccia di succo di arancia
- 1 fetta di arancia non trattata

Si prepara miscelando gli ingredienti in un bicchiere old fashioned e si guarnisce con una fetta di arancia.

CHANEL N. 19
di Giancarlo Rossi

- 3/6 gin Barrow's
- 2/6 Bianco Sarti
- 1/6 Mandarinetto Isolabella

Miscelate gli ingredienti e servite in una coppetta cocktail.

CHEROKEE

- $^{3}/_{10}$ dry gin Bosford
- $^{2}/_{10}$ succo di arancia
- $^{2}/_{10}$ succo di pompelmo
- $^{1,5}/_{10}$ bitter Campari
- $^{1,5}/_{10}$ aperol
- 2 gocce di amarena
- 1 scorza di limone non trattato
- 1 ciliegina
- un ciuffetto di menta

Preparate questo cocktail direttamente nei tumbler alti "on the rocks", miscelando gli ingredienti con lo stirrer.

Decorate ciascun bicchiere con una spirale di scorza di limone, una ciliegina rossa e un ciuffetto di menta.

Il suo nome allude al colore ambrato che richiama quello della carnagione degli indiani Cherokee.

AVOCADO CONDITI

Sbucciate 4 avocado maturi e tagliateli a metà nel senso della lunghezza. Togliete loro il nocciolo e tagliateli a pezzettoni. Disponeteli in un'insalatiera e irrorateli subito con il succo di un limone, poi conditeli con 2 cucchiai di olio extravergine di oliva, 4 cucchiaini di aceto balsamico, 5 gocce di salsa Worcester, 5 cucchiaini di senape e un pizzico di sale. Serviteli subito (la polpa infatti dopo un po' di tempo tende ad annerirsi, nonostante il succo di limone).

CHERRY STORY
di Spiridione Ripaldi

- 5/10 vermut rosso Martini
- 3/10 vodka Eristow
- 2/10 cherry brandy
- 1 ciliegina

Si prepara nel mixing glass con cubetti di ghiaccio cristallino e si serve nella coppetta cocktail ben fredda. Guarnite con una ciliegina rossa.

CLANDESTINO
di Tullio Biasutti

- 5/6 gin Gilbey's
- 1/6 succo di lime
- 10 gocce di angostura
- 2 gocce di essenza di lime
- ginger ale

Miscelate il gin con il succo di lime, le gocce di angostura e di essenza di lime. Completate con ginger ale. Servite in un tumbler alto.

COLONY CONTINENTAL

- 1/3 rum bianco
- 1/3 rum scuro
- 1/3 Piña Mix
- 2 cucchiai di fragoline di bosco
- 1/2 banana tagliata a fette
- succo di lime

In un tumbler alto, pieno per un terzo di ghiaccio tritato, versate il rum bianco, il rum scuro e la Piña Mix. Aggiungete uno spruzzo di succo di lime e mescolate bene.

Completate con la banana tagliata a fette e le fragoline di bosco, quindi servite.

CONNY
di Giuseppe Cimmino

Miscelate gli ingredienti e servite nella coppetta cocktail guarnendo con una ciliegina rossa.

- 2/4 vodka Wyborowa
- 1/4 vermut dry Martini
- 1/4 vermut rosé Martini
- 1 ciliegina

CORTINA
di Ferruccio Bocus

Versate la vodka, lo sciroppo di lampone e il succo di limone in un tumbler alto.

Aggiungete dell'acqua minerale e guarnite con 1/2 fetta di limone.

- 1/3 vodka Eristow
- 1/3 sciroppo di lampone
- 1/3 succo di limone
- acqua minerale
- 1/2 fetta di limone non trattato

CUBAITA INN
di Niccolò Milazzo

Miscelate rum bianco Bacardi, spremuta di arancia e Bitter Campari.

Servite in una flûte decorando con scorza di arancia.

- 2/5 rum bianco Bacardi
- 2/5 spremuta di arancia
- 1/5 Bitter Campari
- scorza di arancia non trattata

CURVA AZZURRA

- 5/10 bitter lemon Schweppes
- 3/10 grappa
- 2/10 curaçao blu

Mettete in un tumbler alto il bitter lemon ben ghiacciato. Versate in uno shaker alcuni cubetti di ghiaccio e aggiungete la grappa e il curaçao.

Agitate vigorosamente e versate nel bicchiere con il bitter lemon.

DELIZIA
di Maurizio Lisciandra

- 5/10 vodka Absolut
- 3/10 Cointreau
- 2/10 Kahlúa
- 1 spicchio o scorza di mandarino

Si prepara miscelando gli ingredienti nello shaker con cubetti di ghiaccio cristallino e si serve nella coppetta cocktail ben fredda.

Guarnite con uno spicchio di mandarino o con uno spruzzo della scorza.

DETTAGLI
di Maurizio Sostero

- 4/10 brandy
- 3/10 caffè espresso Illy
- 2/10 whisky cream
- 1/10 crema di menta

Si prepara miscelando gli ingredienti nello shaker con cubetti di ghiaccio cristallino. Agitate e servite nella coppetta cocktail ben fredda.

DIAVOLO NERO

- 4/5 rum bianco
- 1/5 vermut dry
- 1 oliva nera

Miscelate rum e vermut con 2 cubetti di ghiaccio.

Versate in una coppetta cocktail ben fredda e aggiungete un'oliva nera.

DOLCE AUTUNNO
di Franco Pennini

- 4 cl Ile de Mandara Borsci
- succo di 1/2 limone
- 3 gocce di Papaya
- Drink Boero

Si prepara miscelando tutti gli ingredienti nello shaker con cubetti di ghiaccio cristallino.

Servite nella doppia coppetta che avrete fatto ben raffreddare in precedenza.

DOLINA
di Ezio Fontanot

- 5/10 vodka naturale Negroni
- 2/10 cocktail Antico Negroni
- 2/10 Aperitivo Jaffa
- 1/10 Aperol Barbieri
- succo di arancia

Miscelate gli ingredienti e servite in un bicchiere a tulipano grande oppure in un ballon.

Per completare aggiungete poi del succo di arancia.

DREAM
di Maurizio Sorvillo

- 5/10 rum Captain Morgan Carta Blanca
- 3/10 caffè Lavazza
- 2/10 amaro Ramazzotti
- alcune gocce di Galliano
- cioccolato fondente

Miscelate nello shaker rum, caffè zuccherato e amaro; versate nella coppetta cocktail e infine aggiungete il liquore Galliano.

A questo punto decorate con delle scagliette di cioccolato fondente.

DREAM TEAM
di Raniero Roscioni

- 5/10 scotch whisky Bell's
- 2/10 Southern Comfort
- 2/10 vermut dry Noilly Prat
- 1/10 porto Barrow
- menta
- 1 ciliegina

Miscelate gli ingredienti nel mixing glass e servite nella coppetta cocktail.

Infine decorate con delle foglie di menta e una ciliegina rossa.

EL MARABÙ
di Aldo Lancellotti

- 2/3 rum Carta Oro Bacardi
- 1/3 latte di cocco
- succo di ananas

Versate il rum e il latte di cocco in un tumbler alto e riempite con succo di ananas.

Completate il cocktail con qualche cubetto di ghiaccio.

ELENA
di Salvatore Giordano

- $^{2}/_{4}$ Vodka & Pesca Artic
- $^{1}/_{4}$ vermut rosé Martini
- $^{1}/_{4}$ vermut dry Martini
- alcune gocce di Vodka & Passion Fruit Artic
- 1 ciliegina
- scorza di arancia non trattata

Si prepara nel mixing glass miscelando gli ingredienti con cubetti di ghiaccio cristallino e si serve nella coppetta cocktail ben fredda.

Guarnite con una ciliegina rossa e della scorza di arancia.

ELY '83
di Giuliano Ferretti

- $^{1}/_{3}$ Ricard
- $^{1}/_{3}$ Mandarinetto Isolabella
- $^{1}/_{3}$ gin Gilbey's
- acqua tonica Kinley

Versate il Ricard, il Mandarinetto Isolabella e il gin Gilbey's in un tumbler alto.

Infine colmate con acqua tonica e guarnite a piacere.

EMANUELA
di Adriano Mellone

- $^{2}/_{5}$ rum Bacardi
- $^{2}/_{5}$ succo di ananas
- $^{1}/_{5}$ amaretto di Saronno
- succo di limone

Versate il rum Bacardi, il succo di ananas e l'amaretto in una coppa da champagne, completando con alcune gocce di succo di limone.

- 4/10 vermut rosé Martini
- 3/10 vodka
- 2/10 Ile de Mandara Borsci
- 1/10 sciroppo di fragola Boero
- 1 ciliegina
- scorza di arancia non trattata

EROS
di Angelo Carpentieri

Si prepara nel mixing glass miscelando gli ingredienti con cubetti di ghiaccio cristallino e si serve nella coppetta cocktail ben fredda.

Guarnite con una ciliegina e con della scorza di arancia.

- 2/4 succo di arancia
- 1/4 gin Gordon's
- 1/4 sciroppo di lampone
- vino bianco frizzante
- succo di limone

ESOTIC TIME
di Giuseppe Marchini

Miscelate il succo di arancia con il gin e lo sciroppo di lampone. Versate nella flûte e completate con alcune gocce di succo di limone e il vino bianco freddo.

- 5/10 succo di pompelmo
- 2/10 vodka Smirnoff
- 1/10 Bitter Campari
- 1/10 Kiwi Boero

ESTATE
di Ugo Silveri

Miscelate nello shaker il succo di pompelmo, la vodka, il Bitter Campari e il Kiwi Boero. Servite in un tumbler alto.

ESTELÀ
di Giuseppe D'Amelio

- ⅔ spremuta di melograno
- ⅓ Seven Up
- alcune gocce di Aurum
- spumante Principe di Piemonte Cinzano
- acqua di fiori di arancio

Versate la spremuta di melograno, la Seven Up e alcune gocce di Aurum in una flûte.

Profumate con acqua di fiori di arancio e colmate con lo spumante.

EVERY GREEN
di Vincenzo Ferrentino

- ⅓ vodka Eristow
- ⅓ menta verde Sacco
- ⅓ succo di limone
- acqua tonica Schweppes

Versate la vodka, la menta e il succo di limone in un tumbler alto. Infine completate con l'acqua tonica.

EXCELSIOR
di Luciano D'Urso

- 4 cl gin Gordon's
- succo di 3 kiwi
- succo di 1 mela
- spumante brut Cesarini Sforza Champenois

Versate il gin Gordon's, il succo dei kiwi e il succo di mela in un bicchiere a tulipano grande oppure in un ballon.

Infine completate il tutto con lo spumante brut Cesarini Sforza Champenois.

F. 40

- 3/10 vodka Wiborowa
- 1/10 triple sec Bols
- 1/10 aperol
- 1/10 papaya Boero
- 4/10 succo di arancia fresco
- 1 ciliegina
- un ciuffetto di menta
- 1 carambola
- 1 acino di uva

Raffreddate lo shaker, eliminando l'acqua in eccesso.

Miscelate la vodka, il triple sec, l'aperol, la papaya Boero e il succo di arancia.

Versate nelle doppie coppette e decorate con un acino di uva, una ciliegina, un ciuffetto di menta e una carambola.

POMODORI TROPICALI

Lavate 8 pomodori insalatari, tagliateli a metà, eliminate i semi e scavateli un po'. Salateli e lasciateli scolare dell'acqua di vegetazione capovolti su un piatto. A questo punto tagliate 5 fette di ananas fresco a cubettini. Tritate 4 cucchiai di arachidi sgusciate e mescolate il trito ai cubetti di ananas con un po' d'olio, aggiustando di sale. Riempite con la farcia i pomodori, disponeteli su un'alzata, guarniteli con fiocchetti di maionese e lasciateli riposare in frigorifero per mezz'ora prima di servirli.

FANTASIA MESSICANA
di Salvatore Caltabianca

- 8/10 tequila Josè Cuervo Oro Especial
- 1/10 succo di lime
- 1/10 Cointreau
- alcune gocce di curaçao verde
- 1 ciliegina verde

Si prepara miscelando nello shaker tutti gli ingredienti con ghiaccio cristallino e si serve nella coppetta cocktail ben fredda. Guarnite con una ciliegina verde.

FOPPA
di Toni Grandi

- 1/3 whisky Glen Deveron
- 1/3 amaretto di Saronno
- 1/3 vermut bianco Martini
- ginger ale

Versate il whisky Glen Deveron, l'amaretto di Saronno e il vermut bianco in un tumbler alto. Colmate infine con ginger ale.

FRAGOLONE
di Davide Mutti

- 3 cl gin Beefeater
- 3 cl panna fresca
- 2 cl Fragola Drink Boero
- gelato di fragola
- 1 fragola

Miscelate i liquidi nello shaker con alcuni cubetti di ghiaccio

Versate nella coppetta cocktail contenente una pallina di gelato.

Guarnite con una fragola sul bordo del bicchiere e servite.

GEORGE'S SPECIAL

di Marco Formaini

Versate in un bicchiere a tulipano grande o ballon il frullato, il brandy, il Galliano, il succo di limone e lo zucchero liquido, quindi colmate con lo spumante.

Decorate con una fetta di limone, fragole e cannucce.

- 5/10 frullato di fragole
- 2/10 brandy Florio
- 2/10 Galliano
- 1/10 succo di limone
- spumante Blanc de Blancs Cinzano
- 1 cucchiaino di zucchero liquido
- 1 fetta di limone non trattato
- fragole

GERONIMO

di Rubens Dui

Si prepara in un old fashioned miscelando gli ingredienti con cubetti di ghiaccio.

Decorate la superficie con uno spicchio di mela verde tagliato a quadretti o con della papaia.

- 6/10 Cachaca Nega Fulo
- 2/10 Ananas Drink Boero
- 1/10 Papaya Drink Boero
- 1/10 Orange Drink Boero
- 1 spicchio di mela verde o papaia

PAPAYA: UN FRUTTO, TANTI NOMI

La papaia è chiamata in modo diverso in base al luogo in cui viene coltivata: per i messicani è *capote*, per i portoricani *lech*; a Cuba è *fruta bomba* e in Brasile *mamao*. Sono molte anche le sue varietà: *Solo*, *Kagdum*, *Semangka*, *Cera* e *Hortus Gold* sono le più note tra quelle che si possono acquistare in Italia.

GHIBLI

- 3/10 vodka Sky
- 2/10 apricot brandy Bols
- 2/10 Cointreau
- 3/10 succo di arancia
- champagne Mumm Cordon Rouge
- fette di ananas
- fette di limone non trattato

Raffreddate lo shaker, poi scolate l'acqua in eccesso e versatevi la vodka, l'apricot brandy, il Cointreau e il succo di arancia.

Shakerate bene e versate nei tumbler medi, quindi colmate ciascuno con lo champagne.

Infine decorate ciascun bicchiere con fette di ananas e fette di limone.

COPPETTE GOLOSE DI SEDANO

Lavate 300 g di sedano, tagliatelo a rondelle sottili e sistematelo in più coppette. Distribuite sopra i gherigli di 20 noci, 150 g di parmigiano a scaglie e condite con un'emulsione d'olio, limone sale e pepe.

- ½ Cointreau
- ½ spremuta di arancia
- 1 cucchiaino di tuorlo d'uovo
- spumante Cinzano Riserva
- ½ fetta di arancia non trattata

GIULIANA
di Alberto Campo

Versate Cointreau, spremuta di arancia e tuorlo d'uovo in una coppa champagne.

Completate infine con lo spumante Cinzano Riserva. Decorate con ½ fetta di arancia.

- ⅔ vodka Smirnoff
- ⅓ amaretto di Saronno
- panna fresca
- cacao amaro

GIULY
di Giovanni Luongo

Versate vodka e amaretto in una coppa champagne.

Aggiungete alcune gocce di panna fresca. Spolverate con cacao amaro.

- 4/10 rum Bacardi
- 3/10 spremuta di pompelmo
- 2/10 amaretto di Saronno
- 1/10 sciroppo di fragola
- bitter lemon

GOCCE DI LUNA
di Mario Bellotti

Versate in un tumbler alto il rum, la spremuta di pompelmo, l'amaretto e lo sciroppo di fragola.

Quindi miscelate e allungate il cocktail con bitter lemon.

GOLD DREAMS
di Ettore Cavallaro

- 3/4 gin Gordon's
- 1/4 menta bianca Sacco
- 3 gocce di curaçao blu
- acqua tonica
- 1 scorza di arancia non trattata
- 1 ciliegina

Miscelate gli ingredienti e servite in un tumbler alto colmando con l'acqua tonica.

Guarnite con una spirale di scorza di arancia e una ciliegina.

GOLDEN GATE

- 3/10 rum leggero
- 3/10 gin
- 2/10 succo di limone
- 2/10 crema di cacao
- 1 cucchiaino di rum fortissimo
- 1/2 cucchiaino di Falerno

Agitate in uno shaker alcuni cubetti di ghiaccio assieme a entrambi i tipi di rum, al gin, al succo di limone, alla crema di cacao e al Falerno.

Versate su cubetti di ghiaccio posti negli old fashioned precedentemente fatti raffreddare.

GOLDEN LADY

- 1/3 cognac
- 1/3 curaçao bianco
- 1/3 succo di arancia
- champagne o spumante brut

Unite nello shaker cognac, curaçao bianco e succo di arancia con qualche cubetto di ghiaccio, agitate energicamente e versate in una coppa champagne. Completate con champagne o spumante brut ghiacciato.

GRAND
di Renato Assoldelli

- 2/4 rum bianco
- 1/4 apricot brandy Stock
- 1/4 succo di limone
- 2 gocce di granatina Guyot
- ginger ale

Versate il rum, l'apricot brandy Stock, il succo di limone e le gocce di granatina in un bicchiere a tulipano grande o ballon, miscelate e completate versando il ginger ale.

GRAPPA FLIP
di Angela De Simine

- 1/2 bicchierino di grappa
- 1 cucchiaio di sciroppo di zucchero
- succo di 1/2 limone

Si prepara nello shaker miscelando gli ingredienti con abbondante ghiaccio e si serve nella coppetta cocktail.

GREEN DREAM

- 5/10 rum Duquesne
- 2/10 succo di pompelmo
- 2/10 menta verde Sacco
- 1/10 succo di limone
- bitter lemon
- 1/2 fetta di pompelmo

Miscelate tutti gli ingredienti e servite in un old fashioned. Poi aggiungete del ghiaccio e colmate con bitter lemon.

A questo punto decorate ciascun bicchiere con 1/2 fetta di pompelmo.

HEAD SHOT
di Domenico Brandano

- 2/6 vodka Eristow
- 2/6 succo di limone
- 1/6 Bitter Campari
- 1/6 liquore Galliano
- 1 ciliegina

Miscelate gli ingredienti e servite in una doppia coppetta cocktail guarnita da una ciliegina.

IGGY POP
di Roberto Lauriana

- 2/5 Vodka & Pesca Artic
- 1/5 succo di ananas
- 1/5 granatina Boero
- 1/5 Pinot di Pinot Gancia
- 1 fetta di limone non trattato

Miscelate nello shaker i primi 3 ingredienti, versate in una flûte.

Completate con il vino ben freddo. Guarnite con una fetta di limone.

IL CARDINALE
di Luigi Benefattori

- 2 cl Ricard
- 1,5 cl orzata
- 5 gocce di bitter
- spremuta di arancia
- foglie di menta

Miscelate Ricard, orzata, gocce di bitter e spremuta di arancia nello shaker.

Servite nella coppa champagne aggiungendo come decorazione alcune foglie di menta.

- ¾ rum dorato
- ¼ vermut dry
- 2 cucchiaini di succo di cedro
- 1 cucchiaino di rum giamaicano scuro
- 1 cucchiaino di curaçao
- ½ cucchiaino di granatina

IL PRESIDENTE

Agitate bene gli ingredienti nello shaker insieme con del ghiaccio.

Infine versate in coppette cocktail precedentemente fatte raffreddare.

- 1 caffè espresso ristretto Illy
- 1 pallina di gelato di crema
- 1 cucchiaino di panna fresca
- noce moscata o cacao

ILLY RISTRETTO

di Renzo Dessi

Preparatelo all'interno dello shaker miscelando il caffè espresso ristretto, la pallina di gelato alla crema e il cucchiaino di panna fresca con alcuni cubetti di ghiaccio cristallino.

Servite nella coppetta cocktail spolverando con noce moscata o cacao.

IL CURAÇAO

È un liquore che si ottiene dalla lavorazione di una varietà di arance dal sapore amaro originaria di Curaçao, un'isola caraibica del Regno dei Paesi Bassi. In genere è di colore traparente, ma si trova anche in versioni colorate, la più usata delle quali è quella blu. Si ottiene dall'essiccazione delle scorze di questo frutto che poi vengono fatte macerare in alcol, acqua e zucchero. Il gusto è arricchito dall'aggiunta di spezie.

INCONTRO
di Francesco Cappa

- $^2/_5$ Vodka & Pesca Artic
- $^2/_5$ succo di ananas
- $^1/_5$ succo di pesca
- vino Turà dei Colli Veneti

Versate i primi 3 ingredienti nello shaker con ghiaccio e servite in una flûte colmando con vino ben freddo.

ISELBA
di Tonino Zecca

- 4 cl rum giamaicano
- alcune gocce di sciroppo di granatina
- alcune gocce di Galliano
- succo di pompelmo
- soda

Versate il rum, alcune gocce di sciroppo di granatina, alcune gocce di Galliano e il succo di pompelmo in un bicchiere a tulipano grande o ballon completando con la soda.

ITALIAN DREAM
di Giuseppe Della Pietà

- $^1/_2$ amaretto di Saronno
- $^1/_2$ succo di arancia
- spumante brut Martini Riserva Montelera
- 1 ciliegina

Preparatelo versando in una flûte l'amaretto e il succo di arancia.

Completate con lo spumante e decorate con una ciliegina.

JAMAICAN MOJITO

- ⅖ rum chiaro
- ⅕ rum scuro
- ⅖ soda
- ½ lime tagliato a pezzetti
- 2 cucchiai di zucchero di canna
- un ciuffetto di hierbabuena o di menta
- 1 fetta di ananas
- fragole
- menta

Si prepara direttamente dentro i tumbler alti. Mescolate i pezzi di lime, lo zucchero di canna e un ciuffetto di hierbabuena (o di menta) e pestate il tutto.

Aggiungete 2-3 fragole a pezzetti, ma non pestate, e l'ananas, anche questo a tocchetti. Unite del ghiaccio, quindi il rum chiaro. Miscelate il tutto.

Alla fine potete aggiungere un top di rum scuro. Colmate con la soda. Decorate con un ciuffetto di menta e una fragola.

PRUGNE FARCITE

Tritate finemente un cucchiaio di pinoli e amalgamate con 100 g di mascarpone, 50 g di zucchero a velo e un cucchiaino di brandy. Prendete 20-25 prugne secche, togliete loro il nocciolo e farcitele con il composto, disponetele su un vassoio e servite.

JUNGLE BAMBOO
di Giacomo La Bella

- $^2/_5$ succo di ananas
- $^2/_5$ succo di pompelmo
- $^1/_5$ rum bianco
- $^1/_2$ banana

Miscelate tutti gli ingredienti e servite in un bicchiere a tulipano grande o ballon. Decorate con ½ banana.

L'ALLUNAGGIO
di Domenico Traini

- $^4/_{10}$ spremuta di arancia
- $^3/_{10}$ rum bianco Appleton
- $^3/_{10}$ Aperol
- uva

Miscelate nello shaker la spremuta di arancia, il rum e l'Aperol.

Servite in una coppetta cocktail decorando con uva.

LARGE MUG

- 12,5 cl rum chiaro
- 12,5 cl acqua bollente
- 1 stecca di cannella
- zucchero di canna

Miscelate il rum con l'acqua bollente, aggiungete la stecca di cannella, un po' di zucchero di canna.

Servite la bevanda dopo averla versata in un bicchiere da grog.

LARIANO
di Enzo Bruschi

- 1/3 gin Booth's
- 1/3 brandy Vecchia Romagna
- 1/3 vermut dry Martini
- ginger ale
- 1 fetta di limone
- non trattato
- 1 fetta di arancia non trattata

Versate il gin, il brandy e il vermut in un tumbler alto e quindi diluite con il ginger ale.

Guarnite con una fetta di limone e una di arancia.

LAST DRINK
di Amilcare Galli

- 3/4 acqua tonica
- 1/4 Cointreau
- alcune gocce di granatina

Miscelate l'acqua tonica con il Cointreau e aggiungete la granatina. Questo cocktail va servito in un tumbler alto.

L'CHAMIN

- 2/3 vodka Krakus
- 1/3 mandarinetto Napoleon
- Sprite
- 1 fetta di arancia non trattata

Si prepara versando direttamente in un tumbler alto la vodka e il Mandarinetto e completando poi con della Sprite. Guarnite con una fetta di arancia.

LILLY
di Maurizio Gamba

- 4/10 succo di mandarino
- 3/10 brandy Vecchia Romagna Oro
- 2/10 Apricot Liqueur Bols
- 1/10 Bitter Campari
- spumante Carlo Gancia
- 1 spiedino di frutta

Miscelate nello shaker succo di mandarino, brandy, Apricot Liqueur e Bitter Campari.

Servite in un tumbler alto colmando con lo spumante e decorate con uno spiedino di frutta mista.

LITTLE ROSE
di Guido Angelini

- 5/10 gin
- 3/10 vermut rosé
- 2/10 vermut dry
- gocce di Cointreau
- scorza di arancia non trattata
- 1 ciliegina

Miscelate gli ingredienti e servite in una doppia coppetta aggiungendo alcune gocce di Cointreau e uno spruzzo di scorza di arancia. Decorate con una ciliegina.

LONG SPRINT

- 1/4 brandy Royal Stock
- 1/4 dry vermut Martini
- 1/4 Galliano
- 1/4 mandarinetto Isolabella
- spumante Testa Rossa La Versa
- 1 scorza di cedro
- 1 ciliegina

Preparate questo cocktail direttamente nei tumbler medi, miscelando il brandy, il vermut, il Galliano e il mandarinetto con lo stirrer.

Colmate aggiungendo lo spumante Testa Rossa La Versa.

Decorate ciascun cocktail con una scorza di cedro e una ciliegina. Servite con la cannuccia.

LOVE ME TENDER

- $^5/_{10}$ dry gin Greenall's
- $^3/_{10}$ vermut bianco
- $^1/_{10}$ aperol
- $^1/_{10}$ vodka alla pesca Artic
- gocce di apricot brandy De Kuyper
- succo di arancia
- 1 scorza di arancia non trattata
- frutta fresca

Preparate questo cocktail direttamente nel mixing glass, che avrete in precedenza raffreddato e scolato dell'acqua in eccesso.

Miscelate gli ingredienti con lo stirrer e servite nelle coppette cocktail.

Completate con una strizzatina di scorza di arancia e decorate ciascuna coppetta cocktail con frutta di stagione.

LUISA
di Gianni Caliman

- $^2/_3$ vodka Wyborowa
- $^1/_3$ succo di ananas
- sciroppo di fragola
- Seven Up
- 1 cubetto di ananas

Versate la vodka e il succo di ananas in un old fashioned e miscelate. Quindi aggiungete alcune gocce di sciroppo di fragola.

Riempite infine con Seven Up e decorate con un cubetto di ananas.

LUISITA

- ¾ di blu curaçao Camel
- ¼ di orzata Toschi
- alcune gocce di limone
- acqua di seltz
- 1 fetta di limone non trattato
- 1 ciuffo di menta

Raffreddate lo shaker eliminando l'acqua in eccesso; versatevi il curaçao, l'orzata e il limone.

Shakerate bene, quindi versate nei tumbler alti. Colmate con l'acqua di seltz.

Decorate con una fetta di limone e un ciuffetto di menta fresca.

FRITTATINE ALLA RUCOLA

Sbattete 8 uova insieme a 50 g di farina, 1 dl di latte e un pizzico di sale. Con la pastella ottenuta cuocete in una padellina - in cui di volta in volta farete riscaldare un po' d'olio - 20 frittatine sottilissime. Mettete in un recipiente 300 g di mascarpone, 2 cucchiai di parmigiano grattugiato, un ciuffetto di rucola precedentemente tritata e un peperone rosso pulito, privato dei semi e tagliato a cubettini. Mescolate fino a ottenere un morbido impasto e aggiustatelo di sale e di pepe. Farciteci le frittatine, arrotolatele chiudendole con un filo di erba cipollina e servitele.

- 4/6 vodka Eristow
- 1/6 Mandarinetto Isolabella
- 1/6 succo di arancia

MAIRIMARTINI
di Colombano Panigada

Miscelate tutti gli ingredienti e servite in una coppetta cocktail.

- 2/3 whisky Grant's
- 1/3 Mandarinetto Isolabella
- succo di 1/2 limone
- 1 ciliegina
- scorza di arancia non trattata

MARIE JOSÈ
di Luigi Ciciriello

Miscelate il whisky con il Mandarinetto Isolabella e il succo di limone.

Servite in una coppa champagne e guarnite con una ciliegina e della scorza di arancia.

- 2/4 gin Beefeater
- 1/4 sherry dry Sandeman
- 1/4 Bitter Campari
- 2 gocce di Cointreau
- scorza di arancia non trattata

MASSIMILIAN
di Eugenio Comito Viola

Miscelate il gin Beefeater, lo sherry dry Sandeman, il Bitter Campari e le gocce di Cointreau.

Servite nella doppia coppetta decorando con la scorza di arancia.

MATHIS
di Ilaria Comini

Si prepara miscelando gli ingredienti nel mixing glass con cubetti di ghiaccio e si serve nella coppetta da cocktail guarnendo con una ciliegina rossa Fabbri.

- ⅓ gin Bosford
- ⅓ vermut rosso Martini
- ⅓ vermut dry Martini
- gocce di Bénédictine
- 1 ciliegina Fabbri

MAXIME

Raffreddate lo shaker, poi scolate l'acqua in eccesso. Versatevi gli ingredienti e shakerate.

Servitelo nelle coppette cocktail, che decorerete con una scorza di arancia e una ciliegina.

- $6/10$ di vodka Absolut
- $2/10$ di cordial Campari
- $1/10$ di vermut bianco
- $1/10$ di sherry Stock
- 1 scorza di arancia non trattata
- 1 ciliegina

MEDUSA
di Fabio Pezzuoli

Miscelate gli ingredienti e servite in un old fashioned decorando con ½ fetta di arancia e 2 cannucce di diverso colore.

- ⅔ rum bianco Bacardi
- ⅓ liquore di banana
- 1 arancia spremuta
- ½ fetta di arancia non trattata

- ¼ rum bianco
- ¼ rum scuro
- 2/4 succo di arancia
- lime e ananas mescolati in parti uguali
- granatina
- cubetti di ananas
- fette di limone non trattato
- fette di arancia non trattata

MEI TAI

In un mixer pieno fino a metà di ghiaccio, versate il rum chiaro, il rum scuro e i succhi di frutta. Completate con uno spruzzo di granatina e miscelate bene.

Servite in un tumbler alto, guarnendo con cubetti di ananas e fette di limone e arancia.

- 3/10 succo di ananas
- 2/10 succo di arancia
- 2/10 Papaya Mixybar
- 1/10 Sour Limone Fabbri
- 2/10 vodka Smirnoff
- Lemon Schweppes
- 1 fetta di carambola
- 2 ciliegine

MIAMI BEACH
di Andrea Savorani

Preparatelo miscelando nello shaker succo di ananas, succo di arancia, Papaya Mixybar, Sour Limone e vodka con del ghiaccio.

Versate nel tumbler alto con alcuni cubetti di ghiaccio completando con Lemon Schweppes. Guarnite con una fetta di carambola, 2 ciliegine rosse e cannucce.

CARAMBOLA, IL CIELO IN UNA STANZA

Tagliato a fette ha un'inconfondibile forma a stella di colore giallo acceso, per questo viene usato per decorare piatti e cocktail. Stiamo parlando del frutto della pianta *Averrhoa carambola*, originaria delle Molucche e dello Sri Lanka. Ha un profumo intenso e un sapore che ricorda quello degli agrumi. È povero di zuccheri ma ricco di potassio e vitamina C.

MIKI
di Gianfranco Cremonesi

- 1/2 succo di pompelmo
- 1/2 Bitter Campari
- spumante brut Ca' del Bosco
- 1 spiedino di frutta

Servite succo di pompelmo e Bitter Campari in una coppa champagne colmando da ultimo con spumante brut. Guarnite con uno spiedino di frutta fresca.

1881
di Vito Mattia

- 3/5 succo di arancia
- 1/5 Cointreau
- 1/5 Pinot di Pinot Gancia
- 1 spicchio di arancia non trattata
- 1 ciliegina

Miscelate nello shaker i primi 2 ingredienti e servite nel tumbler alto completando con Pinot di Pinot Gancia ben freddo.

Guarnite con uno spicchio di arancia e con una ciliegina rossa.

MODE '92
di Salvatore Caltabiano

- 3/10 Bitter Campari
- 2/10 sciroppo di fragola
- 5/10 spumante brut Castellblanch
- 1 fetta di arancia non trattata
- 2 fragole

Miscelate nello shaker il Bitter Campari e lo sciroppo di fragola. Il cocktail si serve nel tumbler alto completando con Castellblanch ben freddo.

Guarnite con una fetta di arancia e con 2 fragole.

MOJITO

- 2 cucchiai di zucchero
- un ciuffetto di hierbabuena o di menta
- $^{2}/_{5}$ rum chiaro
- $^{2}/_{5}$ soda
- $^{1}/_{5}$ succo di lime
- lime
- menta

Preparatelo direttamente nei tumbler medi versandovi prima lo zucchero, poi il ciuffo di hierbabuena o di menta. Pestatelo leggermente con il muddler, fino a estrarne tutta l'essenza.

Aggiungete abbondante ghiaccio e quindi tutti gli altri ingredienti. Decorate con menta e lime.

Hemingway – durante il suo soggiorno all'Avana nel 1942 – si faceva preparare questo drink presso la Bodeguita del Medio dal barman Angelo Martinez. Lo scrittore contribuì a diffondere la fama del Mojito grazie ai suoi romanzi.

PRIMIERA DI TARTINE

Prendete 250 g di pancarré al latte e tagliate con gli stampini appositi 20 tartine con i 4 segni delle carte: 5 cuori, 5 fiori, 5 quadri e 5 picche. Spalmatele tutte con 70 g di burro ammorbidito a temperatura ambiente (lasciandone da parte un po'). Quindi distribuite 70 g di uova di lompo nere e 70 g di uova di lompo rosse: le rosse su cuori e quadri, le nere su fiori e picche. Ponete il burro rimasto in un sac à poche e delimitate il diametro delle tartine con un filo ondulato di burro. Tagliate un limone non trattato a rondelle e dividete queste ultime in 8 spicchietti. Infine decorate ciascuna tartina con 2 spicchietti di limone.

- 2 cl di Vodka & Pesca Artic
- succo di limone
- prosecco Carpenè Malvolti
- frutta fresca

MON AMOUR
di Antonello Caresio

Si prepara versando direttamente nella coppa champagne Vodka & Pesca Artic e qualche goccia di succo di limone con ghiaccio tritato, colmando con il prosecco e decorando infine con pezzetti di frutta in superficie.

- ²⁄₅ grappa
- ²⁄₅ vermut rosso
- ¹⁄₅ Ferro China Bisleri
- 3 gocce di Pernod
- 1 scorza di arancia non trattata

MONVISO
di Bruno Cavurina

Si prepara miscelando nello shaker grappa, vermut, Ferro China e Pernod con ghiaccio e si serve nella coppetta cocktail. Completate da ultimo con uno spruzzo di scorza di arancia.

- ³⁄₆ Fragola Drink Mangiaebevi
- ²⁄₆ vodka
- ¹⁄₆ liquore al mandarino
- 1 fetta di arancia non trattata
- fragoline di bosco

MY SUN

Preparate nello shaker miscelando gli ingredienti con molto ghiaccio.

Servite in un tumbler alto ben freddo, decorando con una fetta di arancia e fragoline di bosco.

MY TOP
di Nino Gandola

- 1/3 gin
- 1/3 Cointreau
- 1/3 vermut dry
- 2 gocce di amaretto di Saronno
- 1 ciliegina al maraschino

Miscelate gli ingredienti, servite in una doppia coppetta e decorate con una ciliegina al maraschino.

NAVY GROG

- 4/13 rum scuro giamaicano
- 2/13 rum bianco
- 2/13 succo di cedro
- 2/13 succo di arancia
- 2/13 succo di ananas
- 1/13 vino Falernum
- 4 foglie di menta

Versate tutti gli ingredienti nello shaker con 3 cucchiai di ghiaccio tritato e agitate lentamente per 15 secondi, quindi servite in un bicchiere a tulipano grande o ballon aggiungendo ghiaccio fino a riempirlo.

Guarnite con le foglie di menta e servite con la cannuccia.

NEW YORK NEW YORK
di Gino Palma

- 1/3 vodka Wyborowa
- 1/3 Rosso Antico
- 1/3 amaretto di Saronno
- 1 fetta di arancia non trattata
- zucchero

Miscelate gli ingredienti e servite in una coppa champagne. Guarnite con una fetta di arancia e una spolverata di zucchero.

- $^3/_6$ amaretto Averna
- $^2/_6$ Fernet Branca
- $^1/_6$ menta verde Sacco
- 1 scorza di limone non trattato
- germogli di menta

NOTTI ROMANE

di Riccardo Ponzianelli

Miscelate gli ingredienti e servite direttamente in una doppia coppetta.

Decorate con una scorza di limone e germogli di menta.

- $^2/_4$ Cointreau
- $^1/_4$ Bitter Campari
- $^1/_4$ mandarinetto Isolabella
- succo di $^1/_2$ pompelmo
- champagne

OMAR

di Umberto Vasponi

Versate Cointreau, Bitter Campari, mandarinetto e succo di pompelmo in un bicchiere a tulipano grande o ballon.

Infine, colmate il cocktail aggiungendo dello champagne.

- $^3/_8$ succo di arancia
- $^2/_8$ gin Bosford
- $^2/_8$ Aperol
- $^1/_8$ Crème de Cassis
- spumante brut Martini Riserva Montelera

ORANGE TRIUMPH

di Alfonso Lazzazzara

Miscelate tutti gli ingredienti a eccezione dello spumante.

Servite in una flûte aggiungendo lo spumante alla fine.

OSVALDO L. FLIP
di Gino Marcialis

- $^3/_7$ porto bianco Sandeman
- $^2/_7$ Cordial Campari
- $^2/_7$ rum bianco
- 1 tuorlo d'uovo
- zucchero (facoltativo)

Miscelate il porto bianco, il Cordial Campari, il rum bianco e il tuorlo d'uovo nello shaker con alcuni cubetti di ghiaccio.

Versate il tutto in una doppia coppetta e servite.

PALLINO
di Angelo Caldarelli

- $^3/_5$ vodka Eristow
- $^1/_5$ mandarinetto Isolabella
- $^1/_5$ succo di limone
- $^1/_2$ cucchiaio di zucchero

Miscelate la vodka, il mandarinetto, il succo di limone e lo zucchero.

Versate il tutto in una doppia coppetta e servite.

PASQUA
di Giancarlo Boccaletti

- $^1/_3$ rum Bacardi
- $^1/_3$ Cointreau
- $^1/_3$ whisky Teacher
- 1 mora di bosco

Miscelate bene il rum Bacardi, il Cointreau e il whisky.

Servite in una coppetta cocktail guarnendo con una mora di bosco.

- ½ cognac
- ½ crema di cacao
- 2 cucchiaini di miele
- 2 cucchiaini di cacao in polvere

PELÈ
di Amilcare Galli

Si prepara nello shaker miscelando gli ingredienti.

Versate il tutto in una doppia coppetta e servite.

- ²⁄₄ succo di arancia
- ¼ Punt & Mes
- ¼ Bitter Campari
- 3 gocce di granatina
- 1 scorza di limone non trattato

PENSIERO
di Pier Luigi Benedetti

Miscelate gli ingredienti, versate in una flûte.

Infine decorate con una spirale di scorza di limone.

- ⅗ rum Duquesne
- ⅖ menta bianca Sacco
- 5 gocce di sciroppo di menta Sacco
- 1 ciliegina

PEPPERUM

Miscelate gli ingredienti e versate in una doppia coppetta.

Decorate ogni bicchiere con una ciliegina, poi servite.

PETER PAN
di Dario Comini

Si prepara miscelando nello shaker Vodka & Pesca Artic, succo di limone e curaçao blu con cubetti di ghiaccio cristallino.

Si serve in un tumbler alto con ghiaccio, colmando con Russian Schweppes.

- 4/5 Vodka & Pesca Artic
- 1/5 succo di limone
- alcune gocce di curaçao blu
- Russian Schweppes

PETRUZZELLI
di Antonio Casto

Miscelate la vodka alla liquirizia, il rabarbaro Zucca, la crema di menta verde e il limone nello shaker.

Servite in una coppetta cocktail, decorando con una ciliegina verde.

- 5/10 vodka liquirizia Boero
- 3/10 rabarbaro Zucca
- 2/10 crema di menta verde Sacco
- 1 spruzzo di limone
- 1 ciliegina verde

PIGALLE
di Ugo Moggia

Miscelate il gin, il mandarinetto, il vermut, il Cointreau e qualche goccia di Bitter Campari nello shaker.

Servite in una coppetta cocktail e decorate con foglioline di menta.

- 6/10 gin Gordon's
- 2/10 mandarinetto Napoleon
- 1/10 vermut Carpano
- 1/10 Cointreau
- gocce di Bitter Campari
- foglioline di menta

PIMM'S N. 1

- 4 cl Pimm's n. 1
- limonata o soda o ginger ale
- ½ fetta di arancia non trattata
- 1 scorza di limone non trattato
- 1 cetriolo
- 2 ciliegine
- un ciuffetto di menta

Preparate direttamente nei tumbler alti con 2-3 cubetti di ghiaccio. Versate prima il Pimm's n. 1, poi colmate con la limonata (in alternativa, soda o ginger ale).

Decorate ciascun bicchiere con ½ fetta di arancia, 2 ciliegine, una scorza di limone tagliata a spirale, una striscia di buccia di cetriolo e un ciuffetto di menta.

PIZZETTE DI SFOGLIA

Stendete 250 g di pasta sfoglia. Con degli stampini rotondi ricavatevi 20-25 pizzette. Schiacciatele al centro con le dita, in modo che tengano bene la farcitura. Bucherellatele con una forchetta (così che non si gonfino) e quindi distribuitevi 2,5 dl di passata di pomodoro (che avrete in precedenza salato e condito con un po' d'olio), un paio di capperi ciascuna e un pizzico di origano. Cuocetele in forno già caldo a 200 °C per 8 minuti. Toglietele dal forno, distribuitevi 100 g di mozzarella tagliata a dadini e cuocete per altri 2 minuti. Decorate le pizzette con foglie di basilico.

- 2/5 frullato di fragola con gocce di limone
- 2/5 Peachtree
- 1/5 Pinot di Pinot Gancia
- 1 fragola

PINK MOMENT

di Federica Lazzati

Miscelate nello shaker frullato di fragola e Peachtree.

Servite in una flûte colmando con il vino freddo e decorando con una fragola.

- 3 cl Pisco
- 2 cl spremuta di arancia
- 2 cl succo di limone
- succo di ananas
- fette di arancia non trattata
- fette di limone non trattato

PISCO SOUR

Mettete nello shaker il Pisco, la spremuta di arancia, il succo di limone e uno spruzzo di succo di ananas, unite cubetti di ghiaccio e agitate vigorosamente.

Versate filtrando in un tumbler basso e servite guarnendo con fette di arancia e di limone.

- 3/5 Pimm's n. 1
- 2/5 Aperol
- ginger ale Schweppes
- 1 ciliegina al maraschino

PORTOFINO

di Giorgio Orlandi

Versate Pimm's n. 1, Aperol e ghiaccio cristallino in un tumbler alto.

Completate con il ginger ale e decorate con una ciliegina rossa al maraschino.

PRIMAVERA
di Marco Più

- 5/10 vino Turà dei Colli Veneti
- 2/10 Ananas Derby Blue
- 2/10 maraschino Luxardo
- 1/10 Orange Bitter

Preparate mescolando il vino, il succo di ananas, il maraschino e l'Orange Bitter nel mixing glass con il ghiaccio.

Servite in una coppetta cocktail precedentemente ben raffreddata.

RAGGIO DI SOLE
di Luciano Benedetti

- 4/10 rum Havana Club
- 3/10 brandy Royal Stock
- 1/10 liquore di banana Bols
- 1/10 curaçao verde
- 1/10 succo d'albicocca
- lemon Schweppes

Miscelate il rum, il brandy, il liquore di banana, il curaçao e il succo di albicocca.

Servite in un tumbler alto riempiendo da ultimo con bitter lemon Schweppes.

RUMARBICHI

- 3/10 rum Duquesne
- 3/10 vermut bianco Martini
- 2/10 Bitter Martini
- 2/10 China Martini
- bitter lemon

Versate in un tumbler alto il rum, il vermut bianco, il Bitter Martini e la China Martini.

Da ultimo completate aggiungendo del bitter lemon.

SEX ON THE BEACH

- $^{3}/_{10}$ vodka
- $^{1}/_{10}$ peach tree
- $^{5}/_{10}$ succo di arancia
- $^{1}/_{10}$ succo di ribes o mirtilli
- 1 fetta di arancia non trattata
- mirtilli rossi
- 1 ciliegina

Mettete 2-3 cubetti di ghiaccio in un tumbler alto, miscelate la vodka, il liquore alla pesca e i succhi di frutta con lo stirrer.

Versate direttamente nel bicchiere decorando a piacere con una fetta di arancia e qualche mirtillo rosso oppure con una ciliegina.

Questo cocktail fruttato prevede anche qualche variante: al posto del succo di arancia alcuni preferiscono aggiungere liquore al melone, altri succo di ananas.

ROTOLINI CALIFORNIANI

Sbucciate una mela verde e tagliatela a cubetti di 1 cm di lato. Fatela saltare in 30 g di burro e aggiustate di sale. Prendete 10-12 fette di bacon e tagliatele in due. Snocciolate 20-25 prugne e farcitele con i cubetti di mela. Poi arrotolate ciascuna prugna in una mezza fetta di bacon; fermate i rotolini con uno stecchino e serviteli tiepidi o freddi.

SOLE DI SICILIA

di Silvio Albore

- 2/4 rum Bacardi
- 1/4 brandy Florio
- 1/4 liquore Ericino di M. Erice
- succo di 1/2 arancia
- spumante brut Cinzano
- 1 scorza di arancia non trattata

Miscelate gli ingredienti e servite in una coppa champagne colmando da ultimo con lo spumante.

Guarnite il bicchiere con una spirale di scorza di arancia.

SOTTOBOSCO

- frullato di frutti di bosco
- 2 cl rum Duquesne
- spumante Martini Riserva Montelera

Miscelate gli ingredienti e servite in un bicchiere a tulipano grande o ballon.

Infine completate aggiungendo dello spumante.

SPARKLINGRUM

- 2/3 rum Duquesne
- 1/3 gin Bosford
- 10 gocce di sciroppo di menta Sacco
- Riesling Martini
- foglioline di menta

Miscelate gli ingredienti e servite in una coppa champagne colmando da ultimo con Riesling Martini.

Guarnite il bicchiere con alcune foglioline di menta.

SPIAGGIA DORATA

- 3/5 rum bianco
- 1/5 vermut dry
- 1/5 vermut dolce

Miscelate gli ingredienti con 2-3 cubetti di ghiaccio e versate nella coppa champagne, aggiungendo ghiaccio tritato fino a riempimento.

TAMANACO
di Tonino Giannattasio

- 1/2 Cointreau
- 1/2 succo di pompelmo
- 1 cucchiaino raso di zucchero di canna
- spumante rosé Riccadonna
- 1 fetta di ananas
- 1 ciliegina rossa

Versate la miscela di Cointreau, succo di pompelmo e zucchero in una flûte e quindi completate con lo spumante.

Guarnite il bicchiere con una fetta di ananas fresco e una ciliegina rossa.

TEMPESTA TROPICALE
di Antonio Cardone

- 1/2 Cachaca Nega Fulo
- 1/2 succo di maracuja Derby Blue
- 4 gocce di angostura
- ciuffetti di ananas
- 1 fragolina

Si prepara miscelando gli ingredienti nello shaker con cubetti di ghiaccio cristallino e si serve nella coppetta cocktail ben fredda.

Guarnite il bicchiere con ciuffetti di ananas e una fragolina.

INDICE DELLE RICETTE

Titoli in collana

Biscotti, muffin e dolcetti

Bruschette e crostoni

Cocktail classici ed esotici

Crêpes e crespelle

Dolci da forno

Insalate e insalatone

Marmellate, conserve e gelatine

Microonde

Pesce e frutti di mare

Pizze, focacce e calzoni

Riso e risotti

Salse e sughi

Spaghetti. Le ricette più buone

Tartine e stuzzichini

Torte, crostate e ciambelle

Torte salate, focacce e quiches

VOGLIA DI

CUCINARE